바르고 힘센 설교를 향한

퇴고 설교학

성서유니온선교회(Scripture Union)는 1867년에 영국에서 어린이 전도와 성경읽기 사역으로 시작하여, 현재 전 세계 120여 개 국에서 다양한 선교사역을 펼치고 있는 국제적인 선교단체입니다.

한국성서유니온선교회는 1972년에 설립되어 한국 교회에 성경 묵상(QT)을 소개하였고, 현재는 전국 12개 지부에서 매일 성경 읽기, 어린이·청소년 전도, 캠프, 개인성경공부(PBS), 그룹성경공부(GBS), 지도자 훈련, 기독교 서적 출판 등의 사역에 힘쓰고 있습니다.

성서유니온선교회의 목적은 하나님의 복음을 어린이와 청소년과 그들의 가정에 전하는 한편, 모든 연령층의 그리스도인들에게 규칙적이고 체계적으로 성경을 묵상하도록 권하여 온전한 믿음에 이르러 성숙한 그리스도인이 되도록 돕는 것입니다.

바르고 힘센 설교를 향한
퇴고 설교학

지은이: 채경락
판 권: ⓒ (사) 한국성서유니온선교회 2013
펴낸곳: (사) 한국성서유니온선교회

초판발행일: 2013년 2월 20일
초판 5쇄: 2020년 8월 11일

등록 제14-6호(1978.10.21)
주소 05663 서울시 송파구 오금로22길 13
전화 02-2202-0091
팩스 02-2202-0095
홈페이지 www.su.or.kr
이메일 subook@su.or.kr

ISBN 978-89-325-2067-4   03230

바르고 힘센 설교를 향한

퇴고 설교학!

채경락 지음

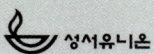

추천의 글

　　　　채경락 교수는 2009년도부터 현재까지 고려신학대학원에서 설교실습과 설교학을 가르치고 있다. 대개 설교에 관한 이론은 잘 가르치지만 실제 설교는 별로(!)이거나, 설교는 잘 하지만 설교학 강의는 시원찮은 경우가 많은데, 저자는 예외적으로 이론 강의와 실천에 모두 탁월한 은사를 지녔다. 그의 설교 재능은 이미 신학생 때부터 돋보였는데, 본교 재학시절 그가 수요예배 때 했던 설교를 10년이 지난 지금도 많은 교수들이 기억하고 있을 정도이다. 본교 졸업 후, 그는 미국 칼빈신학교 그레이다누스 박사의 지도로 성경 해석과 설교학을 공부하고, 이어 남침례신학교(Southern Baptist Seminary)에서 허셀 요크 박사의 지도로 설교학 박사 학위를 취득했다. 그의 공부 경력이 보여주듯이 저자는 내용적으로는 철저히 성경 중심적이면서도 전달효과 면에서는 철저히 청중지향적인, 한 마디로 내용과 전달 면에서 균형 잡힌 강해설교를 지향한다.
　　　　이 점에서 이번에 출간한 「퇴고설교학」은 종래의 설교학 관련 교재와 다른 차별성이 있다. 설교 작성법 또는 의사소통 방법론 설명에 그치는 저서들과는 달리, 성경에서 도출한 메시지 또는 이미 작성된 설교를 최대한 업그레이드 시켜 청중의 마음에 선명하게 각인시켜주는 효과적인 설교법을 제시한다.

여기에 감칠맛 나는 깔끔한 문장표현이 독자로 하여금 책에 빠져들게 한다. 마치 탁월한 강의를 듣는 것처럼 내용이 쉽고 선명하게 다가온다. 비록 적은 분량의 책이지만 내용만큼은 한국교회 강단의 발전에 기여할 비중있는 설교학 교과서라 믿어 의심치 않는다. 성경적 설교, 좋은 설교를 바라면서도 왠지 모를 갈증 속에서 고민해 온 모든 설교자와 좋은 설교자를 꿈꾸는 모든 신학도들에게 필독을 권한다.

고려신학대학원장 김순성 (실천신학 Th.D)

차례

서언 / 퇴고 설교학 9

제1장 본문에 기초한 선명한 주제

1 한 문장 주제로 요약되는 설교를 추구하라 21
2 글로 쓸 수 있어야 주제다 23
3 완결된 문장이어야 한다 26
4 본문의 의미에 기초해야 한다 28
5 이미 청중에게 적용된 메시지여야 한다 31
6 목표가 그려지는 주제가 좋다 35
7 둘도 셋도 아닌, 오직 하나여야 한다 38
8 구름 없는 달빛처럼 선명하게 다듬으라 40
9 새벽 3시 테스트를 통과하라 43
10 주제 중심의 3단계 강해 설교 작성법 45

제2장 전략적 대지와 구조

1 주제와 청중에게 어울리는 구조를 선택하라 54
2 대지 문장은 작은 주제 문장이다 57
3 대지는 주제를 섬기는 종이다 58
4 주제를 향하여 대지들이 통일성을 띠게 하라 61
5 본문의 흐름보다 생각의 흐름에 따라 대지를 배열하라 63
6 대지 사이에 진전 혹은 차별성이 감지되게 하라 67
7 앙상한 대지에 설명과 증명, 적용의 옷을 입히라 70
8 암기할 수 없다면 대지가 아니다 74
9 3대지는 살아있다! – 3대지의 역동성 77
10 반전이 청중의 마음을 연다 – 기승전결 79
11 준거 구조를 결정하라 83

제3장 충성된 예화와 이미지

1. 예화를 사용하라 – Why not?   88
2. 힘만 센 야생마보다 길들여진 나귀가 좋다   91
3. 예화에 초점과 절정을 부여하라 – 예화의 각색   93
4. 눈물을 머금고 그 예화를 버리라   95
5. 세련되게 들어가고 미련 없이 나오라 – 입출구 전략   97
6. 과유불급過猶不及 – '주제넘은' 예화를 주의하라   101
7. 예화만 기억하는 청중을 나무라지 마라   102
8. 설교가 끝나면 청중을 예화의 세계로 돌려보내라   104
9. 예기치 않은 부산물에 주의하라 – 고상한 예화   107
10. 예화가 떠오르지 않을 때   108
11. 예화 활용 5단계   111

제4장 잘 들리는 말

1. 덩어리 단위로 말하라   118
2. 완급을 조절하고, 때로 침묵하라   122
3. 단도직입單刀直入으로 말하라   124
4. 칸트를 버리고 주님을 따르라 – 간결한 문장   127
5. 반복repeat을 두려워 말고 재진술restate을 귀찮아 마라   129
6. 꾸미지 말되 숨기지도 마라 – 진실한 열정   131
7. 오늘은 선지자, 내일은 제사장 – 메시지에 어울리는 톤을 찾으라   134
8. 주제, 혹은 대지 문장이 진술될 때   136
9. 흥얼흥얼 말로 준비하는 설교   140
10. 적당한 밀도의 말로 설교를 반죽하라   142
11. 아멘으로 화답할 기회를 주라 – Why not?   144

결어 / 테이크아웃 설교학:
　　　설교학學을 떠나 설교 현장으로   147

서언
퇴고推敲 설교학

본서는 퇴고 설교학을 지향한다. 퇴고 설교학? 생소한 이름일 것이다. 설교학의 초년병인 필자가 만들어본 용어이니 당연히 생소하겠지만, 앞으로 많은 설교자들에게 익숙해지기 바라본다. 퇴고 설교학이란, 말 그대로 설교문의 퇴고 원리와 지침을 정리하는 설교학이다.

네 줄짜리 한시를 써놓고는 마지막 소절에 퇴(推)를 쓸지 고(敲)를 쓸지, 고관의 행차에 부딪히는 줄도 모르고 고심하던 당나라 시인의 열정에서 탄생한 퇴고. 퇴고는 설교 준비에도 빠질 수 없는 요긴한 작업이다. 일필휘지(一筆揮之)로 단숨에 흠잡을 데 없는 설교문을 써내는 각별한 은사가 있다면 얼마나 좋으랴! 그러나 그런 영적인 천재가 아니라, 그저 주님의 은혜로 한 주 한 주, 두려움과 때론 부담으로 말씀을 준비하는 평범한 설교자라면, 퇴고의 수고를 아껴서는 안 된다. 고치고 또 고치고, 다듬고 또 다듬고.

시인은 한 편의 시를 완성하기 위해 최소 수십 번의 퇴고를 거친다 하고, 저 유명한 김소월의 "진달래꽃"은 최소 3년의 퇴고 과정을 거쳤다고 한다.[1] 사람의 심상을 담아내는 시 한 수에 이 정도의 노력이 투자된다면, 영혼을 구원할 복음을 언어화하는 일에 부름받은 설교자는 더더욱 그래야 하지 않겠는가. 물론 퇴고를 위해 설교자에게 주어진 시간은 불과 하루 이틀, 너무나 짧다. 그러나 시간의 짧음은 퇴고를 생략할 이유가 아니라, 더 지혜롭고 더 전략적으로 퇴고할 이유다. 기도가 노동이고, 노동이 곧 기도라 했던가. 설교자의 노동에 퇴고의 땀이 빠질 수 없다. 기도하는 열심으로 퇴고하고, 기도에 흘리는 땀만큼 퇴고에 정성을 쏟으라.

설교학의 두 갈래 길: 작성법 설교학과 퇴고 설교학

설교학은 설교와 설교자를 섬기는 실천 학문으로서, 필자의 판단에는, 섬기는 방식에 따라 크게 두 가지로 분류된다. '작성법 설교학'과 '퇴고 설교학'이다. 작성법 설교학은 정방향, 즉 본문에서 출발하여 해석과 적용을 거쳐 설교문에 이르기까지의 과정을 안내한다. 기존의 설교학이 대체로 이 범주에 속한다. 퇴고 설교학은 일종의 보조도구로서 1차 완성된 설교문을 발전적으로 퇴고하

---

[1] 안도현, 『가슴으로도 쓰고 손끝으로도 써라』(서울: 한겨레출판, 2009), 220-225.

는 지침을 제공한다. 원리적으로 둘 사이에 근본적인 차이는 없으며, 다만 정방향 작성법과 되짚어보는 퇴고법이라는 의미에서 방향성의 차이가 존재한다. 둘은 양자택일의 대상이 아니라, 협업을 통해 좀 더 나은 설교를 지향할 수 있는 동역자다.

퇴고 설교학이 담아야 할 내용은 무엇인가? 평가 범주와 퇴고 지침이다. 퇴고는 불가피하게 평가와 짝이 된다. 설교문을 되읽으면서 잘된 것과 잘못된 것, 혹은 좋은 것과 더 좋은 것에 관한 평가를 거쳐서 퇴고가 이루어진다. 작성법 설교학의 관심이 포괄적인 '설교 이론'과 '작성 단계'에 있다면, 퇴고 설교학의 관심은 설교문을 평가할 수 있는 구체적인 '평가 범주'와 실용적인 '퇴고 지침'이다. 막연히 좋은 설교를 바라기보다 구체적인 범주와 지침을 정하고, 그 목표를 향하여 수정, 재수정할 때 좋은 설교의 자리에 좀 더 가까이 나아갈 수 있을 것이다.

퇴고의 목표: 바르고 힘센 설교

평가 범주와 퇴고 지침을 마련하려면, 우선 '좋은 설교'의 이상이 마련되어야 한다. 어떤 설교가 좋은 설교인지, 달려가야 할 푯대를 먼저 정해야 구체적인 세부 조건들을 논할 수 있다.

본서는 '바르고 힘센 설교'를 좋은 설교의 이상으로 삼는다. 메시지의 내용이 철저히 성경에 뿌리내리고 있다는 의미에서 바른 설교이고, 그러면서도 청중의 마음을 파고드는 커뮤니케이션 효율을 품고 있다는 뜻에서 힘센 설교다. 둘을 합해서 바르고 힘센 설교다.[2] 바르고 힘센 설교는 더도 말고 덜도 말고 강해 설교의 다른 표현이다.

강해 설교는 해돈 로빈슨(Haddon W. Robinson)이 말하는 대로, 특정한 설교방법론이 아니라 좀 더 넓은 의미의 설교관, 혹은 설교철학이다.[3] 철학 혹은 관으로서 강해 설교라는 이름표를 달려면 적어도 두 가지 조건이 갖추어져야 한다. 첫째, 성경본문의 의미를 바르게 설교한다. 강해의 대상은 세상 그 어떤 책이나 사상이 아니라 성경이어야 한다는 말이다. 둘째는 청중에게 적실하면서도 효과적으로 전달되는 설교, 즉 힘센 설교다.[4] 강해 설교는 성경을 강해했

---

2) '바르고 힘센 설교'라는 용어는 조무성 박사(당시 다니엘교회 집사)의 '착하고 힘센 사람'에서 아이디어를 얻었다. 교회교육의 목표를 설정하는 세미나에서 그는 구약 다니엘서의 다니엘을 성경적인 인재상으로 내세우면서, 그를 '착하고 힘센 사람'으로 정리하였다.

3) Haddon W. Robinson, *Biblical Preaching: The Development and Delivery of Expository Messages* (Grand Rapids: Baker, 2001), 21-30. 그는 강해 설교의 철학에 관하여, 설교자 자신의 생각을 전하기 위해 성경본문을 사용하는 것이 아니라, 오히려 성경본문 앞에 설교자 자신의 생각을 꺾는 것이라 말한다. 이것을 다섯 가지로 세분화하고 있는데, 본문이 설교를 지배할 것, 하나의 주제/개념을 전할 것, 그 주제/개념은 본문에서 나올 것, 그 주제/개념이 설교자에게, 그리고 청중에게 적용될 것 등이다. 주제 중심의 설교는 커뮤니케이션 효율을 높이기 위한 장치고, 적용에 대한 강조는 현대 청중에게 무의미하지 않은 적실한 메시지를 확보하기 위한 원칙이다. 커뮤니케이션 효율과 청중과의 거리 측면에서 그 역시, 필자의 용어를 빌면, '힘센' 설교를 추구한다.

4) Donald R. Sunukjian, *Invitation to Biblical Preaching*, 『성경적 설교의 초대』, 채경락 옮김 (서울: 기독교문서선교회, 2009), 12-19. 수누키안은 간략하면서도 선명하게 강해 설교의 철학을 요약한다. 성경본문의 참되고 정확한 의미를 현대 청중에게 적실한 방식으로 제시하는 설교. 비록 그는 '성경적 설교'라는 좀 더 포괄적인 이름으로 부르지

다는 것에서 만족하지 않는다. 청중에게 적실하고도 설득력 있게, 다시 말해 '힘세게' 강해해야 강해 '설교'다. 그런 의미에서 필자는 본서를 성경적인 강해 설교의 퇴고 지침이라고 자평한다.

바르고 힘센 설교가 갖추어야 할 조건에는 어떤 것들이 있을까? 본서는 크게 네 가지 범주를 제안한다. ① 성경본문에 기초한 선명한 주제, ② 전략적인 대지와 구조, ③ 충성된 예화와 이미지, 그리고 ④ 잘 들리는 말이다. 본서는 성경본문의 해석에 대해서는 크게 다루지 않는다. 그런 내용은 성경해석학과 작성법 설교학에서 전향적으로 다루어야 할 영역으로 판단되기 때문이다. 퇴고 설교학은 원리상 1차 작성된 원고를 상대하기 때문에, 본서는 설교의 구조와 커뮤니케이션 효율에 집중적으로 관심을 할애하였다.

퇴고의 네 가지 범주

좋은 설교를 향한 퇴고의 네 범주를 간단히 소개하면, 우선 좋은 설교는 '본문에 기초한 선명한 주제'를 품은 설교다. 주제는 설교 전체를 이끄는 길잡이면서 동시에 지휘자다. 씨앗을 보면 열매를 안다고, 주제는 설교의 씨앗이다. 본문에 충실한 주제가 본문에 충실한 설교를 만들고, 선명한 주제가 선명한 설교를 낳는다.

만, 해돈 로빈슨을 비롯한 강해 설교 이론가들이 말하는 강해 설교와 맥을 같이한다.

뒤틀린 주제는 필연적으로 뒤틀린 설교를 낳을 수밖에 없다. 그래서 집중된 퇴고가 가장 절실한 대목이 있다면 바로 이 대목, 주제다. 짧은 한 문장이지만, 퇴고의 노력만큼은 후회 없이 투자하라.

더불어 필요한 것이 '전략적인 대지와 구조'다. 구조가 틀이라면, 대지는 구조를 채우는 구체적인 요소다. 구조는 메시지를 담는 그릇으로서, 주제에 잘 어울려야 하지만, 동시에 설교자와 청중에게도 잘 맞아야 한다. 대지는 설교 여정에 세워진 표지판으로서, 설교자와 청중이 설교의 흐름을 놓치지 않고 잘 따라가도록 도와야 한다. 요컨대 좋은 대지와 구조는 주제와 청중, 그리고 설교자를 잘 섬겨야 한다. 구조와 더불어 대지 문장이 퇴고의 대상이 되고, 대지의 순서 역시 주요한 퇴고 대상이다.

다음으로 '충성된 예화와 이미지'다. 더러 예화를 터부시하는 경향도 발견되는데, 구더기 무서워 장 못 담그랴. 설교의 순수성을 해치는 나쁜 예화도 있지만, 좋은 예화도 얼마든지 가능하다. 예화는 메시지의 종이며, 종에게 구할 것은 충성이다. 예화와 이미지는 야생마 같아서, 힘 있는 수단이지만 길들이지 않을 경우 설교를 망치는 재앙이 된다. 전하는 메시지보다 앞서 가도 안 되고, 뒤처져서 설교를 질척거리게 해서도 안 된다. 예화 퇴고의 목표는 잘 길들인 준마처럼 겸손하고 충성스럽게 설교를 섬기는 예화다.

마지막 넷째 범주는 '잘 들리는 말'이다. 설교는 글이 아니라 말이며, 그래서 좋은 설교는 좋은 글이 아니라 좋은 말이다. 말과 글은 가까운 듯 근본적인 차이를 지닌 소통 수단으로서, 사뭇 다른 구동 원리와 다이내믹을 가진다. 그래서 좋은 글이라 하여 반드시 좋은 말을 만들지는 못한다. 소리를 통해 귀에 닿을 때에는 탁월했던 메시지가, 활자화하여 책에 담기면 그저 그런 메시지가 되기도 한다. 그래서 설교는 말다운 말, 좋은 말로 준비되고 또 말의 특성을 살려서 퇴고해야 한다.

선명한 주제, 전략적 대지, 충성된 예화, 그리고 잘 들리는 말. 완전한 조건은 아니지만, 이 네 범주가 좋은 설교를 위한 의미 있는 골격이 되리라고 확신한다. 퇴고 지침으로 제시한 것이지만, 설교 작성의 원리로 보아도 좋다. 애초에 작성 단계부터 이러한 조건을 염두에 두고 시작하면 퇴고의 수고가 훨씬 덜어질 것이다. 목표를 분명히 정한 발걸음이 지혜롭다. 첫 걸음을 떼는 순간부터 이 네 개의 푯대를 분명히 지향하여 나아갈 것을 추천한다.

설교는 영광스러우면서도 고된 과업이다. 길지 않은 목회 여정이지만, 필자 역시 매주 그 영광과 그 고단함을 경험하고 있다. 설교란 필자에게 절대 놓고 싶지 않은 설레는 영광이면서도, 매주 준비가 시작될 때면 가슴이 묵직해오는 짐이다. 오늘도 주께서 맡기신 양무리를 위한 좋은 설교의 부담을 안고 살아가는 설교자들에게, 이 글이 미력하나마 작은 도움이 되기를 바란다.

1장
본문에 기초한 선명한 주제

한 문장의 주제로 요약되는 설교를 추구하라
글로 쓸 수 있어야 주제다
완결된 문장이어야 한다
본문의 의미에 기초해야 한다
이미 청중에게 적용된 메시지여야 한다
목표가 그려지는 주제가 좋다
둘도 셋도 아닌, 오직 하나여야 한다
구름 없는 달빛처럼 선명하게 다듬으라
새벽 3시 테스트를 통과하라
주제 중심의 3단계 강해 설교 작성법

　　　설교자 자신의 생각이 아니라 성경 메시지를 전하는 것은 타협할 수 없는 설교자의 제1의무다.[5] 더하여 소홀히 할 수 없는 제2의무가 있으니, 메시지를 청중이 잘 받아들이도록 효과적으로 구성하여 전달하는 것이다. 두 의무를 합하여 '바르고 힘센 설교'라 부를 수 있다. 성경 메시지를 전한다는 의미에서 바른 설교요, 효과적으로 전달한다는 뜻에서 힘센 설교다. 바름으로 약함을 변명할 수 없고, 힘세다 하여 바르지 못함을 용납할 수는 없다. 둘 다 잡아야 한다. 그래서 바르고 동시에 힘센 설교다.

　어떻게 실천할 것인가? 첫 단추는 주제다. 바르고 힘센 설교의 가장 확실한 기초는, 다름 아닌 바르고 힘센 주제다. 설교라는 마차는 주제라는 말이 이끈다. 설교가 나무라면, 주제는 씨앗이다. 그날 설교의 DNA는 주제에 고스란히 담겨있다. 콩 심은 데 콩 나고 팥 심은 데 팥 나듯, 좋은 주제가 좋은 설교를 낳고 바른 주제가 바

---

[5] 「그 말씀」 2011년 8월호, 필자의 글 "안식 설교, 이렇게 준비하라" 참조.

른 설교를 낳는다. 힘센 주제가 힘센 설교의 디딤돌이 되며, 무기력한 주제는 무기력한 설교를 낳게 될 것이다. 그래서 바르고 힘센 설교를 원한다면, 우선 바르고 힘센 주제를 결정하라.

본문의 의미에 기초한 선명한 주제의 필요성은 100년 전 헨리 조웨트(John Henry Jowett)가 예일 강연에서 피력한 이래, 모든 설교학의 근간이 되어왔다.

> (설교에 관한) 제 확신은, 설교의 주제를 짤막하고도 의미 있는 한 문장으로 수정처럼 맑게 표현하지 못했다면, 설교할 준비는커녕 아직 설교문을 작성할 준비조차 되지 않았다는 것입니다. 늘 경험하기를, 그 (주제) 문장을 얻는 과정은 가장 고되고 힘겨운 일이지만, (설교를 위한) 제 연구에 있어서 가장 생산적인 작업입니다 … (그래서) 저는, 그 (주제) 문장이 구름 한 점 없는 달처럼 깨끗하고도 선명하게 떠오르기 전에는, 설교는 물론, 설교문 작성조차 금물이라고 생각합니다.[6]

주제를 결정하라. 그리고 그 주제를 다듬고 다듬어서, 즉 퇴고하고 퇴고해서 바르고 힘센 주제를 확보하라. 시작이 반이라고 했던가, 주제가 반이다. 성경본문의 의미에 악착같이 기초한 바른 주제, 동시에 청중의 마음에 선명하게 새겨지는 힘센 주제를 확보하라. 바

---

6) John Henry Jowett, *The Preacher, His Life and Work: Yale Lectures* (New York: Hodder & Stoughton, 1912), 133.

르고 힘센 설교를 향해, 시작이 반이라는 첫걸음을 뗀 것이다. 함께 그 한 발을 떼어보자.

1 한 문장 주제로 요약되는 설교를 추구하라

주제는 설교의 요약이다.[7] 중구난방은 요약이 불가능하지만, 가지런하게 준비된 설교는 요약이 가능하다. 설교 길이에 상관없이, 이상적인 설교는 한 문장으로 요약 가능하며, 그 한 문장이 설교의 주제다.[8]

설교를 막 시작하려고 하는데, 몸에 이상 증세가 느껴진다. 곧 쓰러질 것만 같다. 그간 앓아오던 심장병이 드디어 말썽을 부리는 모양이다. 어떻게 할까? 주어진 시간은 불과 몇 초. 그래도 설교자의 소임을 다해야 하는 법. 그때 청중을 향하여 던질 수 있는 한 문장이 그대 가슴에 있는가? 있기를 바라고, 반드시 있어야 한다. 그 한 문장이 주제다. 자격을 따지건대 누가 감히 설교단에 오를 자격이 있겠냐마는, 설교학적인 조건은 바로 이 문장이다. 가슴에 이 한 문장이 있어야 단에 오를 자격이 있다.

---

7) 본문의 (해석적) 요약인 석의 주제와 구별된다.

8) Hershael York, *Preaching with Bold Assurance* (Nashville: Broadman and Holman, 2003), 103-107. 허셀 요크는 많은 설교자에게서 나타나는 문제점으로 지루함(boring), 산만함(rambling), 그리고 가장 큰 문제로 무초점(pointless)을 꼽는다. 초점, 즉 주제가 없는 설교는 재미는 줄 수 있을지 몰라도, 들을 가치는 없다고 말한다.

예수님이 먼저 모범을 보이셨다. 사람들에게 말씀을 전하실 때, 주님은 늘 그 한 문장을 품고 계셨다. 누가복음 18:1-8에 주님은 불의한 재판관과 과부의 비유를 말씀하신다. 하나님을 두려워하지 않고 사람을 멸시하는 불의한 재판관. 그 앞에 하소연하는 가련한 과부. 등장인물의 면모가 범상치 않다. 바위와 같은 재판관을 계란처럼 두드리는 과부의 모습이 애처롭다. 눈길을 끄는 대목이 여기저기 흩어져있다. 그러나 중심 골격에는 선명한 한 문장 메시지가 있다. "하나님은 우리의 간절한 기도에 응답하신다."

불의한 재판관도 과부의 간절함 앞에 응답하였는데, 하물며 우리 하늘 아버지께서 우리 기도에 응답하지 않으시랴. 하나님이 불의한 재판관보다 냉혈한이란 말인가. 주님의 한 문장이 여기에 있다. "하나님은 우리의 간절한 기도에 반드시 응답하신다." 이런저런 캐릭터가 등장하고, 이야기 플롯이 흘러가지만, 애초에 주님이 전하시려는 메시지는 바로 이 한 문장이었다.

나단 선지자도 그렇게 했다. 사무엘하 12장에서 나단 선지자는 여호와 하나님의 보내심을 받고 다윗 왕 앞에 선다. 권력의 정점에 선 군왕 앞에 서는 것만도 부담스러운데, 선포해야 할 메시지를 생각하니 가슴이 떨려온다. 떨리는 마음으로 준비해온 부자와 가난한 이웃 이야기를 꺼낸다. 부잣집에 손님이 찾아왔고, 자기 우리에 토실토실한 수많은 양들을 내버려둔 채 하필 이웃에 사는 가난한 사람의 단 한 마리 소중한 양을 강탈하여 손님을 대접하였다. 군왕 다윗이 이야기에 푹 빠져들고, 몹쓸 부자의 행태에 분노한 다윗은 급기야 그는 사형에 처해야 할 중죄인이라고 외친다. 바로 그 순간 설교자 나단이 가슴에 품어온 그 한 문장을 꺼낸다. "당신이 그 사람이라." 당신이 그 몹쓸 부자입니다! 애초에 나단 선지자는 이 한 말씀을 전하러 다윗 앞에 선 것이다.

단에 오르는 설교자의 가슴에는 한 문장이 있어야 한다. 설교의 메시지를 선명하게 요약하는 한 문장. 이름 하여 주제 문장이다. 단에 오르기 전 내 가슴에 그 문장이 있는지를 점검하라. 아니, 훨씬 그 이전 설교문 작성에 들어가기 전 이 문장을 확보했는지를 확인하고 원고 작성에 들어가라.

2 글로 쓸 수 있어야 주제다

설교 주제를 결정하였다는 것을 어떻게 알 수 있는가? 남에게도 속지만 심지어 자신에게도 잘 속아넘어가는 것이 사람인지라 확인 잣대가 필요하다. 주제 결정의 표지가 무엇인가? 글로 쓸 수 있어야 한다.[9] 주제를 분명히 결정했다고 생각하지만 실상은 미결정 상태인 경우가 더러 있다. 확인해야 한다. 어떻게? 글로 써보라. 머리로 생각하지 말고, 글로 써보라. 글로 쓸 수 없다면 아직 주

---

9) Wayne McDill, *The 12 Essential Skills for Great Preaching* (Nashville: Broadman & Holman, 1994), 208. "설교 주제 혹은 대지를 명료한 하나의 문장으로 진술할 수 없다면, 아직 무엇을 말하고자 하는지 확정하지 않은 것이다."

제를 결정한 것이 아니다.

설교학자들이 설교문 작성 이전에 주제를 명확하게 결정하라고 조언하는 데는 실용적인 이유가 있다. 주제가 설교문 작성을 돕기 때문이다. 설교문 작성이 얼마나 힘겨운 과업인지는 모든 설교자들이 경험으로 잘 안다. 지혜로운 조력자 혹은 돕는 배필이 필요한데, 무엇보다 주제다. 주제는 설교의 돕는 배필이다.

분명하게 결정된 주제일수록 설교문 작성을 쉽고 용이하게 한다. 갈 곳이 정해진 발걸음이 가볍듯이, 전해야 할 주제가 분명한 설교의 설교문 작성이 쉽고 용이하다. 설교문이 잘 써지지 않을 때는 바깥에 나가서 머리를 식히기보다 주제를 명확하게 결정하였는지를 먼저 확인하라. 확인 방법은? 글로 써보라. 글로 쓸 수 있어야 비로소 주제를 결정한 것이다.

글로 써보기라는 동일한 잣대로 로버트 슈타인(Robert H. Stein)은 이해와 해석을 구분한다. 독특하면서도 혜안이 있는 구분이다.

> 이해(understanding)와 해석(interpretation)은 서로 관련성이 깊은 용어이지만 분명한 차이가 있다. 이해는 해석보다 앞선다. 이해는 생각하는 것과 관련이 있으며 '정신적'(mental)인 반면 해석은 '언어적'(verbal)이다. 우리는 무엇인가를 잘 '이해'하지만 그 이해를 표현할 적합한 단어들을 찾지 못하는 경우가 있는데, 이런 경우를 볼 때 (이해는 했지만 해석하지는 못했다는 점에서-필자 첨가) 이해와 해

석은 구분될 수 있다.[10]

본문을 읽으며 고개를 끄덕일 수 있으면 어느 정도 본문을 이해한 것이다. 심지어 감동의 눈물을 흘릴 수 있다면, 상당히 깊이 이해한 것이다. 그런데 왜 눈물을 흘리는지 말로 표현할 수 없다면, 아직 해석한 것이 아니다. 본문이 무엇이라고 말하기에 그렇게 가슴이 뭉클한지 글로 쓸 수 없다면, 이해했는지 몰라도 해석 단계에 이른 것이 아니다. 성도들은 이해하면 되지만, 설교자라면 이해를 넘어 본문을 해석해야 한다. 왜? 설교자는 전달하는 사람, '메신저'이기 때문이다.

언어화할 수 없다면 전달할 수 없다. 생각이 전해지는 것이 아니라, 언어가 전달된다. 느낌이 전이되는 것이 아니라, 언어로 표현된 느낌이 전달된다. 그래서 설교자는 이해를 넘어 해석해야 한다. 머리로 하는 정신적 이해를 넘어 언어로 표현하는 해석 단계에 이르러야 한다. 글로 쓸 수 있어야 본문을 해석한 것이다. 글로 쓸 수 있어야 주제고, 글로 쓸 수 있어야 주제를 결정한 것이다.

---

10) Robert H. Stein, *A Basic Guide to Interpreting the Bible*, 『성경 해석학』, 배성진 옮김 (서울: 기독교문서선교회, 2011), 65.

3 완결된 문장이어야 한다

이제는 결정된 주제를 다듬는 과정이다. 주제를 글로 확보했다고 해서 주제 결정이 완료된 것은 아니다. 이제 본격적으로 퇴고 작업, 즉 다듬기가 시작된다. 잣대를 가지고 바르고 힘센 주제로 다듬어가자. 본서는 여섯 가지 잣대를 제안한다.

우선 주제는 완결된 문장(self-contained sentence)이어야 한다. 짤막하지만 하나의 완결된 메시지를 구성해야 비로소 주제다. 단어 혹은 구(句)는 주제가 될 수 없다. 예를 들어 '사랑'이라는 단어 혹은 '하나님의 사랑'이라는 구는 주제가 될 수 없다. 무언가를 표현하고 있지만, 완결된 메시지가 아니기 때문이다. 대신 '하나님은 우리를 사랑하십니다', 혹은 '하나님은 사랑입니다' 등 완결된 문장이 주제가 될 수 있다. 주제를 글로 써보고 완결된 문장인지를 점검하라. 아니라면 당연히 수정하라.

주제는 토픽과 구별된다. '사랑', '하나님의 사랑', 혹은 '구원'은 토픽이 될 수는 있어도 주제로는 미완성이다. 토픽이 오늘 설교가 무엇에 관한 말씀인지를 지시한다면, 주제는 그 토픽에 관해 오늘 설교가 무엇이라 말하는지를 요약한다.[11] '구원'이라는 토픽을 가지

---

[11] Robinson, *Biblical Preaching*, 41-42. 그는 설교의 주제는 이슈를 지시하는 subject와 내용을 구성하는 complement의 조합으로 구성된다고 정리한다. 그래서 본문을 연구할 때 이 둘을 각각 추적할 수 있는 두 가지 질문을 던질 것을 조언한다. 첫째, 이 본문은 무엇에 관하여 말하는가? 둘째, 그 무엇에 관하여 이 본문은 무엇이라고 말하는가?

고 다양한 주제가 가능하다. '우리는 오직 믿음으로 구원받습니다', '예수님만이 우리의 구원자입니다', 혹은 '우리의 구원은 종착지가 아니라 거룩한 삶의 시작입니다.' 홀로 남은 '구원'이란 단어 자체는 토픽이 될 수 있어도 주제는 될 수 없다. 주제는 완결된 문장이어야 하기 때문이다.

완결된 문장 중에서도 주제는 명제형 문장이 이상적이다. 예를 들어, '예수님은 하나님의 아들입니다', 혹은 '하나님은 당신을 사랑하십니다'와 같은 명제형 문장 말이다. 진리에 대한 확신과 자신감, 하나님 말씀의 권위를 표현하기에 명제형 문장이 적합하다.

의문문은 불가하다. 문법적으로는 완결된 문장이지만 의미상으로 미완결이기 때문이다. 설교는 청중에게 던지는 질문이 아니라, 하나님이 청중에게 주시는 대답이다. 그래서 주제 문장은 물음표가 아니라 마침표로 끝나야 한다. 명령형은 가능하다.[12] 명령형은 의미의 손상 없이 명제형 문장으로 호환 가능하기 때문이다. 예를 들어, '두려워 마라'는 명령문은 '성도들은 두려워해서는 안 된다'는 명제형 문장으로 번안할 수 있다.

요약하면, 주제는 완결된 문장이어야 하며, 말씀에 대한 확신과

---

[12] John Carrick, *The Imperative of Preaching: A Theology of Sacred Rhetoric* (Edinburgh: Banner of Truth Trust, 1982), 83. 복음의 시작은 indicative이지만, 그래서 indicative에 우선권이 주어져있지만, imperative 없는 indicative는 불완전하다고 주장한다. 선포는 호소로 마무리되어야 하고, 해석은 적용으로 균형이 맞춰져야 한다. indicative와 imperative는 양자택일의 문제가 아니라 한 복음의 양면, 혹은 양 기둥으로 소개한다.

하나님 말씀의 권위를 감안해서 명제형 문장이 좋다.

4 본문의 의미에 기초해야 한다

주제는 본문의 의미에 기초해야 한다. 본문의 의미가 있는 그대로 설교 주제가 되지는 않지만, 설교 주제는 반드시 본문에서 나와야 한다. 본문의 의미는 석의 주제로서, 설교의 요약인 설교 주제와는 구별된다. 석의 주제는 본문에서 설교 주제로 옮겨갈 때 거치는 다리와 같다. 둘의 차이는 적용이다. 석의 주제가 청중에게 적용될 때 설교 주제가 탄생한다. 석의 주제에 비해 설교 주제는 외견상 본문에서 조금 더 멀어보인다. 그러나 모든 적용이 해석에 기초해야 하듯, 모든 설교 주제는 반드시 본문의 의미에 기초해야 한다.

설교 주제는 성경에 기초한 주제가 아니라, 특정 본문에 기초한 주제여야 한다. 강해 설교는 '주소가 있는' 메시지다.[13] 강해 설교는 성경을 설교하지만, 성경 일반을 설교하지는 않는다. 봉독한 특정한 본문을 설교한다.[14] 성경적 메시지를 추구하지만, 그 중에서도 오늘 본문이 전하는 고유한 메시지를 전하는 것이 강해 설교다.

---

13) Bryan Chapell, *Christ-centered Preaching: Redeeming the Expository Sermon* (Grand Rapids: Baker, 1994), 51. 그는, 설교자는 저자가 아니라 강해자이며, 그래서 설교자의 첫 과업은 설교 본문을 선택하는 것이라고 말한다.

14) Robinson, *Biblical Preaching*, 21. "The passage governs the sermon." The Bible이 아니라 the passage가 설교를 지배해야 한다고 말한다.

그런 의미에서 설교 주제는 성경 일반이 아니라 특정 본문에 기초해야 한다.[15]

설교 전 성경봉독은 오늘 설교의 한계, 즉 적용의 한계를 정초하는 과정이다. 어린 목동이 소를 이끌고 풀밭으로 나가면 맨 먼저 말뚝을 박는다. 소에게 풀밭을 거닐 자유를 주면서도, 그 자유가 넘어서는 안 되는 한계를 설정하는 것이다. 성경본문이 말뚝이다. 같은 본문에서도 다양한 적용의 자유를 누릴 수 있고, 그래서 다양한 설교 주제가 탄생할 수 있지만, 모든 적용과 주제는 반드시 본문의 말뚝에 기초해야 한다.

단에 오르기 전 내 가슴에 품은 주제가 본문의 의미에 기초한 것인지 점검하라. 특히 봉독한 특정 본문에 기초한 주제인지 반드시 확인하라. 그렇지 않다면 그날 설교의 권위는 상실된다. 설교의 권위는 단에 선 설교자의 권위가 아니라, 하나님의 말씀인 성경본문에서 나오기 때문이다.

특정 본문에 매이는 것이 설교의 지평을 협소하게 한다는 오해가 없기를 바란다. 특정 본문에 철저히 매일수록 우리 설교는 더 풍성해진다. 설교 주제의 다양성은 적용의 다양성으로 확보되기도 하

---

15) 물론 성경 일반의 가르침에 위배되는 가르침이 설교단에 올라서는 안 된다. 설교를 위한 주석은 성경신학과 조직신학의 지도를 받는 것이 좋다. 그러나 그 지도가 과하여 개별 본문의 독특성을 무디게 할 정도의 간섭이 되어서는 안 된다. 성경신학과 조직신학은 본문 주석의 종합이지, 주석의 일차적인 자료가 될 수 없다.

지만, 그 이전에 이미 본문의 다양성에 근본적으로 기초한다. 하나님의 말씀은 단조롭지 않다. 하나님 말씀의 지평은 결코 협소하지 않다. 풍성한 장르적 다양성에, 헤아릴 수 없이 풍성하고도 다양한 메시지를 우리에게 주신다. 심지어 겉보기에 모순되어 보일 정도로, 그 다양성이 넓고도 풍성하다. 로마서와 야고보서가 대표적인 예다. 이 둘 사이의 표면적 충돌은 모순이 아니라 하나님 말씀이 가진 풍성함을 드러낸다. 본문에 더 철저하게 제한될수록 우리 설교는 더 풍성한 자유를 누린다.

울타리를 벗어난 소는 길을 잃은 소일 뿐, 자유를 누리는 소가 아니다. 설교의 자유는 본문의 울타리 안에 있을 때 누릴 수 있다. 본문에서 이격된 메시지는 이미 설교가 아니다. 참된 자유는 언제나 일정한 한계와 규율 내에서만 가능하듯, 설교의 자유는 본문에 매임에 기초한다.

본문의 의미는 저자의 의미다.[16] 저자의 커뮤니케이션 의도가 곧 본문의 의미 혹은 석의 주제다. 저자가 이 텍스트 혹은 본문을 가지고 원독자에게 전하고자 한 메시지가 무엇인가? 이 질문에 대한 답이 곧 본문의 의미다.

---

16) E. D. Hirsch, Jr., *Validity in Interpretation* (New Haven and London: Yale University, 1967), 126. 텍스트의 자율성에 이은 독자반응비평까지 의미의 결정자가 사라진 해석학의 혼란 속에서, 헐쉬는 해석의 타당성을 확보하는 규율로서 저자의 의미를 다시 주창하였다. "해석의 타당성을 원한다면, 즉 함의와 적용의 넓은 지평에도 불구하고 안정되고 확정적인 의미를 원한다면 규율이 있어야 한다. … 어떤 형태든 타당한 해석은 저자가 의미한 바의 재인식 위에 구축된다(All valid interpretation of every sort is founded on the re-cognition of what an author meant)."

예수님의 의도가 아니라 저자의 의도다. 저자의 의미는 등장인물의 의미와 구별된다. 누가복음 19장에 예수님과 삭개오의 만남 사건이 기록되어있다. 예수님이 말씀하시고, 삭개오가 반응한다. 본문의 의미는 예수님의 의도보다 저자인 누가의 의도다. 즉 삭개오에게 전하고자 한 예수님의 의도가 아니라, 예수님-삭개오의 대화를 통해 저자인 누가가 원독자인 데오빌로에게 전하고자 한 메시지가 오늘 본문의 의미다.

물론 성령의 영감을 통해 예수님의 정확한 의도가 저자인 누가에게 정확하게 파악되고, 그 의도가 텍스트에 정확하게 기록되었을 것이다. 그렇기 때문에 오히려 해석의 초점은 예수님의 의도가 아니라 누가가 파악한 예수님의 의도이고, 누가가 누가복음을 통해 전하고 있는 예수님의 의도다. 해석자로서 설교자는 삭개오를 향한 예수님의 기대보다, 데오빌로를 향한 누가의 기대를 추적해야 하고, 그것을 통해 삭개오를 향한 예수님의 기대를 가늠해야 한다.

요컨대 설교 주제는 본문의 의미, 즉 저자의 의미 혹은 저자의 커뮤니케이션 의도에 기초해야 한다.

5 이미 청중에게 적용된 메시지여야 한다

설교 주제는 청중에게 적용된 메시지여야 한다. 주제를 적용하려 하지 말고, 이미 적용된 주제를 세우라. 반복하면, 설교 주제는 적용이 완료된 문장이어야 한다. 콩 심은 데 콩 나고 팥 심은 데 팥 나듯, 적용된 주제가 적용된 설교를 낳는다. 적용된 설교를 원한다면 먼저 적용된 주제를 세우라.

설교문 작업에 들어가기 전에, 가슴에 품은 주제가 청중에게 적용된 주제인지를 점검하라. 단에 오르기 전이 아니다. 설교문 작성에 들어가기 전에 결정된 주제가 청중에게 적용된 주제인지를 먼저 확인하고 점검하라.

적용된 주제라 함은 일차적으로 '청중에게 의미 있는 주제'라는 뜻이다. 주제를 받아든 청중에게서 "이것이 나와 무슨 상관인가?"(So What?)라는 반응이 나온다면 일단 미적용 상태로 판단해야 한다. 청중이 동의할 수 없어서 거절하는 메시지는 어쩔 수 없다. 예수님의 설교도 상당수 사람들에게 거절당했으니까(요 6:66).[17] 그러나 무시당하거나 외면당해서는 안 된다. "이 말씀은 나랑 상관없어," 설교 메시지가 청중의 삶과 무관하여서, 청중에게 외면당하는 설교라면 곤란하다. 거절당하는 설교는 용납될 수 있어도, 청중과 무관하여 외면당하거나 무시당하는 설교는 용납될 수 없다.

어두운 중세 시대에 몇몇 사람은 바늘 위에 천사가 몇이나 올라설 수 있을지 고민했다고 한다. 이런 유의 설교는 성경이 가르치지도 않지만, 설령 성경본문의 뒷받침을 받을 수 있다 해도, 의미 있

---

[17] 릭 워렌은 예수님의 설교 핵심이 삶-적용이라고 분석한다. Rich Warren, "Preaching for Life Change: It's All in Learning to Preach Like Jesus," *Preaching* 19 no.2 (2003): 9.

는 설교가 아니다. 바른 설교도 아니고 더욱이 청중에게 적실한 힘 센 설교와는 거리가 멀다. 적용되지 않은 설교는, 적용이 결핍된 설교가 아니라 애초에 설교가 아니다. 설교는 오늘 청중에게 주시는 말씀인데, 오늘 청중에게 적용되지 않은 설교를 어찌 설교라 부르겠는가. 적용된 설교를 원한다면, 우선 적용된 주제를 확보하라.

석의 주제가 원독자의 이야기라면, 설교 주제는 청중의 이야기다. 출애굽기 13:17, "바로가 백성을 보낸 후에 블레셋 사람의 땅의 길은 가까울지라도 하나님이 그들을 그 길로 인도하지 아니하셨으니 이는 하나님이 말씀하시기를 이 백성이 전쟁을 하게 되면 마음을 돌이켜 애굽으로 돌아갈까 하셨음이라." 수누키안은 이 본문을 연구하여 우선 석의 주제를 결정하였다. "하나님은 이스라엘 백성을 약속의 땅으로 인도하시기 위해 가까운 길보다 둘러가는 길로 이끄셨다." 이어서 석의 주제를 청중에게 적용하여 설교 주제를 확정한다. "하나님은 때로 우리를 선한 길로 인도하시기 위해 둘러가는 길로 이끄신다." 전자가 그들의 이야기라면, 후자는 우리 이야기며, 그 차이는 적용이다.[18]

적용은 '행동화'에 국한되지 않는다. 어떻게 실천할 것인지 행동 실천이 적용의 주요한 부분이지만, 그것이 전부는 아니다. 행동

---

18) Sunukjian, 『성경적 설교의 초대』, 65-66. 그는 이 적용의 과정을 '역사에서 영원한 진리로 나아가기'로 명명한다. 본문의 '참되고 정확한 의미'를 '현대 청중에게 적실하게' 전하는 것이 그의 설교 목표다.

으로 옮겨야 할 말씀이 있는가 하면, 행동을 버리라는 말씀도 있다. "너희는 가만히 있어 내가 하나님 됨을 알지어다"(시 46:10). 적용의 요체는 청중에게 의미 있는 메시지라는 데 있다. 청중이 실천해야 할 행동일 수도 있고, 청중이 품고 살아야 할 세계관일 수도 있다. 청중이 감사한 마음으로 품고 살아야 할 구원의 진리일 수도 있다.

요컨대 적용은 청중과 무관하던, 혹은 멀리 떨어져있던 메시지를 그들 가까이 의미 있는 메시지로 전환하는 것이다. 적용의 결과로 만들어진 주제 문장은, 그래서 청중의 행동과 생각, 통틀어 그들의 인생에 무언가 의미 있는 차이를 만들어낼 수 있는 문장이어야 한다.

성경은 이미 적용된 메시지임을 기억하라. 다만 우리에게 적용된 메시지가 아니라, 원독자에게 적용된 메시지일 뿐이다. 그래서 설교의 적용은 미(未)적용된 문서를 적용하는 것이 아니라, 다른 사람에게 적용된 본문을 현 청중에게 적용하는 것이다.[19] 다시 말해 적용 대상의 전환이다. 원독자에게 적용된 메시지를 현청중에게 전환 적용하는 것이다. 원독자에게 적용된 메시지이기에 우리에게도 적

---

19) Sidney Greidanus, *The Modern Preachers and the Ancient Text: Interpreting and Preaching Biblical Literature* (Grand Rapids: Eerdmans, 1988), 183. "(성경) 메시지가 먼저 고대 교회에 전달되었기 때문에 설명이 필요하다면, 이제는 그 메시지가 현대 교회에 전달되어야 하기 때문에 적용이 필수다."

용될 수 있다. 원독자의 실존에 의미 있는 메시지였기 때문에, 우리 실존에도 의미 있는 메시지로 번안될 수 있으며, 그것이 적용이다.

석의 주제와 설교 주제가 동일할 수도 있다. 동일한 인간 상황, 동일한 인간 실존을 향한 말씀이라면 적용 과정을 거친다 해도 주제 문장에 아무런 변화가 일어나지 않는다. 누가복음 18:1-8의 불의한 재판관의 비유를 본문으로 한 설교를 생각해보자. 본문의 의미, 즉 석의 주제를 뽑으면, '하나님은 간절한 기도에 반드시 응답하신다.' 이 석의 주제를 현청중에게 적용하면 어떻게 될까? 동일하다. '하나님은 우리의 간절한 기도에 반드시 응답하신다.' 석의 주제가 있는 그대로 설교 주제가 된다. 성경은 특정한 역사적 조건 속에 있는 대상을 겨냥하기도 하지만, 상당 부분 인간 보편을 향한 말씀이기 때문에, 적용 대상이 전환되어도 주제 문구 자체가 변화를 겪지 않을 수 있다.

6 목표가 그려지는 주제가 좋다

설교 목표가 그려지는 주제가 좋은 주제다. 설교 목표는 청중의 변화다.[20] 오늘 설교를 통해 변화된 청중의 모습이 목표이

---

[20] Jay E. Adams, *Preaching with Purpose: The Urgent Task of Homiletics* (Grand Rapids: Eerdmans, Zondervan, 1982), 2-3, 42-43. 제이 아담스는 주제보다 오히려 목적을 설교의 중심에 세운다. 본문의 목적을 분석하고, 그 목적을 중심으

고, 그 목표를 일구어내려는 목표 지향적인 행동이 설교다. 변화 지향적인 설교의 중심에 서있는 주제이기에, 그 변화된 모습이 그려지는 주제가 좋은 주제다. 누가복음 18장을 본문으로 '하나님은 우리 기도에 반드시 응답하신다'는 주제로 설교한다고 가정해보자. 이 주제가 제대로 전달되었을 때, 청중 안에 어떤 변화가 일어날 수 있을까? 이 주제는 어떤 변화를 기대하고 있는지 그림이 그려지는가? 본문 1절이 그 그림을 그린다. 항상 기도하고 낙망하지 않는 성도. 메시지가 의도한 변화된 청중의 모습이다. 그렇게 설교 목표, 즉 변화된 청중의 모습이 그려지는 주제가 좋은 주제다.

목표는 Before and After의 After다. 성형수술 광고에서 자주 보는 그 변화된 모습 말이다. 설교 전 청중의 모습을 그리고, 설교가 끝난 뒤 변화된 청중의 모습을 그려보라. 그것이 오늘날 설교 목표다. 단에 오르기 전 '기도에 게으르고, 하더라도 쉬 낙망하는 성도'의 연약한 현실을 떠올리고, 설교 후 나타날 변화의 열매를 그리라. '항상 기도하고 낙망하지 않는 성도.' 그 목표를 향하여 설교하라. 고린도전서 13장 '사랑장'을 본문으로 한 설교라면, 사랑보다 미움과 시기에 익숙한 Before의 성도를 뒤로 하고, 이제는 가장 좋은 길인 사랑의 길을 선택할 줄 아는 After 성도의 모습을 향해 설교하라.

로 설교를 구성하고, 그래서 청중으로 하여금 그것에 준하는 반응을 보이도록 유도하지 않는 설교는, 설교가 아니라 강의에 불과하다고 폄한다. 그에게 진정한 설교란, 무엇보다 청중의 변화라는 목적 지향적 행위다.

'성경말씀을 있는 그대로 전하는 것'은 설교 목표가 아니다. 그것은 그냥 설교 자체 혹은 설교 행위를 일컫는 말이다. 설교 목표는 청중의 변화다. 설교도 수단이다. 오해 없기를 바란다. 목표는 성도의 변화다. 왜 성경을 설교하는가? 성경이 사람을 변화시키는 가장 힘 있는 수단이기 때문이다. 왜 성경만 설교하는가? 성경만이 제대로 된 변화의 방향을 지시하는 나침반이기 때문이다. 개인의 변화일 수도 있고, 공동체의 변화일 수도 있다. 이처럼 설교의 목표는 사람의 변화다. 목표를 향하여 설교하고, 목표를 이루기 위해 설교하라. 그 첫걸음은 목표가 그려지는 주제를 세우는 것이다.

해돈 로빈슨은 심지어 '측정 가능한 결과'(measurable results)를 세우라고 주문한다.[21] 예를 들어, "설교를 들은 후 청중이 영적인 은사들의 종류를 나열하고, 자신이 받은 은사를 지목할 수 있어야 한다." 혹은 "청중이 이신칭의를 충분히 이해하고 그 교리의 정의를 간단한 문장으로 쓸 수 있어야 한다." 한걸음 더 나아가 계량화한 목표도 가능하다. 전도에 관한 설교라면, "청중 가운데 60퍼센트 이상이 이번 주 내에 믿지 않는 지인 한 사람 이상에게 복음을 제시할 수 있어야 한다." 수치화한 계량적 목표가 다소 지나친 면이 있지만, 그만큼 구체적인 목표 의식을 가지고 설교하라는 말이다.

수십 년 설교 사역의 총체적인 목표도 있지만, 개별 설교마다 나름의 목표가 존재한다. 요한복음 전체의 목적도 있지만(요 20:31),

---

21) Robinson, *Biblical Preaching*, 109-113.

각 단락에도 나름의 목표가 있는 것과 마찬가지다. 목회자로서 전체 설교 사역의 포괄적인 목표를 설정하되, 설교마다 분명한 목표를 세울 필요가 있다. 따로 목표 문장을 써도 좋지만, 좀 더 이상적으로는 그 목표가 그려지는 주제를 마련해야 한다. 본문에 기초한 주제, 청중에게 적용된 주제, 더불어 분명한 목표를 지시하는 주제여야 한다.

엉터리 백발백중의 비결이 있다고 한다. 먼저 활을 쏘고, 그 활을 중심으로 과녁을 그리면 된다. 그것이 무슨 의미가 있겠는가? 목표 없이 설교하는 자의 비겁한 변명에 불과하다. 단에 오르기 전, 오늘 설교를 통해 변화될 청중의 모습을 그리라. 실패할 수도 있다. 목표에 도달하지 못할 수도 있다. 그러나 적어도 오늘 설교가 지향하는 목표가 무엇인지는 알고 단에 올라야 한다. 먼저 목표를 세우라. 그러기 위해서 목표가 그려지는 주제를 세우라.

7 둘도 셋도 아닌, 오직 하나여야 한다

주제는 하나여야 한다.[22] 하나 더하기 하나가 둘이라는 것은 산수 이야기고, 설교학적으로는 둘이 아니라 산만 혹은 실패다.

---

22) 한진환, 『설교의 영광』(서울: 생명의말씀사, 2005), 150. "주제가 여러 개인 설교는 초점이 산만하게 퍼져있는 볼록렌즈와 같다. 그래서는 결코 강퍅한 심령들을 날 선 검과 같은 말씀으로 찔러 쪼갤 수 없다."

설교라는 등산길은 한 봉우리로 이루어져야 한다. 물론 지나는 동안에 작은 봉우리가 여럿 나타날 수도 있고, 이런저런 골짜기를 거치면서 오르락내리락할 수도 있다. 그러나 결국 당도할 주된 봉우리는 오직 하나여야 한다. 모든 작은 봉우리들과 각양 골짜기들을 한데 아우르는 주된 봉우리가 있어야 하고, 그것은 둘도 셋도 아닌 오직 하나여야 한다.

여기서 하나는 개수보다 통일성이다. 주제는 통일성의 기초다. 효과적인 커뮤니케이션의 기초는 메시지의 통일성이며,[23] 통일성은 무엇보다 단일 주제에서 나온다. 주제는 전체 메시지를 이끄는 지휘자다. 지휘 일원화에서 통일성이 나온다. 백지장도 맞들면 낫지만, 맞든 두 사람의 마음이 하나가 되지 못하면 차라리 혼자 드는 게 낫다. 둘이 맞들어야 한다면, 한 사람에게 지휘권을 몰아주는 게 효과적이다. 하늘을 날아가는 기러기의 V자 대형을 보라. 더블유(W) 대형의 기러기 떼는 없다. 그랬다면 벌써 길을 잃어도 여러 번 잃었을 것이다. V자의 첨단에 선 우두머리는 오직 하나여야 한다.

대지가 하나여야 한다는 뜻이 아니다. 대지는 여럿일 수 있다. 다만 그 대지들을 아우르는 오직 하나의 뚜렷한 주제가 있어야 한다. 해돈 로빈슨의 용어를 빌면, 주제의 술어부는 여럿일 수 있지만, 주어부는 오직 하나여야 한다. 다른 말로 오늘의 토픽은 하나요, 그

---

23) Duane Liftin, *Public Speaking* (Grand Rapids: Baker, 1992), 49. 사람의 마음은 본성적으로 통일성, 질서, 그리고 진전이 있는 메시지에 끌린다고 분석한다.

대답은 여럿이 가능하다.

  요한복음 14:6을 중심으로 한 설교라면, 예수님의 정체를 토픽으로 3대지를 구성할 수 있다. 첫째, 예수님은 길이다. 둘째, 예수님은 진리다. 셋째, 예수님은 생명이다. 세 개의 대지, 즉 세 개의 메시지를 전하지만, 그 셋을 아우르는 하나의 주제가 있다. '오직 예수님을 통해서만 하나님께 이를 수 있다.' 길, 진리, 생명은 이 주제를 섬기는 대지들이다. 이렇듯 한 편의 설교에는 오직 하나의 통일된 주제가 있어야 한다. 그렇지 않다면 수정하라.

8 구름 없는 달빛처럼 선명하게 다듬으라

  주제는 선명해야 한다. 그 의미와 표현이 구름 없는 달빛처럼 또렷하고 선명해야 한다. 이해하기 쉽고, 그 뜻이 분명한 문장이어야 한다. 선명한 주제가 선명한 설교를 낳고, 모호한 주제는 필시 모호한 설교로 흐르게 된다. "성도의 교제인 교회는 사랑이라는 존재론적인 목적 구현을 통해 선교 지향적인 책무를 감당해야 한다." 어렵다. 심오하지만 선명하지가 않다. 신학논문의 타이틀로 좋을지 몰라도, 설교 주제로는 미흡하다. 그보다는 "사랑이 넘치는 교회가 좋은 교회입니다." 분명하고, 선명하다. 이로써 선명한 설교의 기초가 놓인 셈이다.

  선명하지 않으면 다듬으라. 대장장이가 망치로 검을 다듬듯, 석

수장이가 돌을 다듬듯, 주제를 선명하게 다듬으라. 설교문 전체를 다듬기 이전에, 주제를 다듬으라. 그래서 선명한 문장으로 만들어야 한다. 설교문을 다듬는 데 더 많은 시간과 노력이 소요되겠지만, 효력 측면에 있어서는 주제를 다듬는 일의 가치가 결코 뒤지지 않는다. 선명한 주제가 선명한 설교의 기초가 되기 때문이다. 가장 집중된 퇴고, 가장 많은 퇴고의 땀이 필요한 대목이 있다면, 필자는 바로 이 대목을 지목하고 싶다. 퇴고하고 또 퇴고하여 선명한 주제 문장을 확보하라.

그림이 그려지는 문장이 좋다. 단지 이해되는 문장보다 자연스럽게 눈에 들어오는 문장이 좋고, 나도 모르게 마음에 새겨지는 문장이면 더 좋다. 떠올릴 수 있는 문장보다 자꾸만 떠오르는 문장이 좋고, 마치 걱정거리처럼 한 주간 내내 머릿속을 떠나지 않는 문장이면 더 좋다. 오래전 텔레비전 광고 카피처럼. "침대는 가구가 아닙니다. 과학입니다."

출애굽기 13:17을 중심으로 한 설교에서, 수누키안은 '하나님은 때로 우리를 선한 길로 인도하시기 위해 둘러가는 길로 이끄신다'는 설교 주제를 결정하였고, 이를 다듬었다. 다듬고 또 다듬었다. 그래서 내놓은 주제 문장이 '두 점 사이의 최단 거리는 지그재그다.'[24] 수학적 그림에다, 수학적 상식을 깬 파격이 주제를 더욱 선명하게 각인한다. 수누키안은 주제 문장을 '집으로 진리'(take-home

---

24) Sunukjian, 『성경적 설교의 초대』, 175-182. 그는 자기 설교학의 한 장을 주제 문장을 다듬는 작업에 할애하여, 그 의의와 실제 과정을 자세하게 기술한다.

truth)라고 부른다.[25] 집까지 가지고 가는, 집에 가서도 뇌리를 떠나지 않는 주제라는 의미일 것이다.

이름 하여 테이크아웃 주제다. 머그컵 커피는 가게 안에서만 즐길 수 있다. 그러나 테이크아웃 커피는 가게 밖 공원이든, 퇴근 후 집이든, 내가 가는 곳이면 언제나 나를 따라다닌다. 그렇게 우리 설교는 테이크아웃 설교여야 하며, 그런 설교를 위해서는 테이크아웃 주제를 준비해야 한다. 간명하고도 선명한 주제가 테이크아웃 주제, 즉 집으로-주제, 부엌까지-주제, 아이들은 학교로-주제, 직장인은 회사로-주제가 된다. 문장이 간명하고 의미가 선명해야 한다. 교회 문을 나섬과 동시에 사라지는 설교가 아니라, 집까지, 나의 일상까지 친구처럼 동행하는 설교를 원한다면, 무엇보다 가슴에 새겨지는 선명한 주제 문장을 준비하라.

설교자의 노력이 필요하다. 쉬운 문장은 쉽게 만들어지지 않는다. 어려운 문장은 오히려 쉽게 만들어지지만, 쉽고 선명한 문장은 결코 쉽게 탄생하지 않는 법이다. 설교자의 땀이 필요하다. 그래서 어려운 문장은 설교자의 신학적 깊이가 아니라, 차라리 설교자의 게으름을 드러낸다. 어려운 문장은 덜 다듬은 문장에 불과하기 때문이다. 설교자가 쏟은 땀의 양만큼 주제 문장이 쉽고 선명해진다. 설교자가 흘린 땀의 양만큼, 설교자의 체중과 더불어 문

---

[25] 위의 책. 176. 필자는 '집으로 진리 벼리기/다듬기'가 수누키안이 설교학에 미친 가장 요긴한 기여로 판단한다. 청중의 집까지 무사히 도착하는 '집으로' 진리는 '벼리기/다듬기'를 통해서 마련된다.

장의 무게도 가벼워진다. 땀과 노력으로 선명한 주제, 간명한 주제 문장을 준비하라.

9 새벽 3시 테스트를 통과하라

힘든 하루였다. 따뜻한 샤워가 아니었다면 목사의 길을 후회했을지도 모를 길고 긴 하루였다. 자정의 종소리와 함께 잠자리에 든다. 그야말로 꿀맛 같은 단잠. 오늘따라 꿈도 참 행복하다. 더도 말고 덜도 말고 늘 이 순간만 같아라…. 한참 깊은 잠에 빠져드는데 별안간 어디선가 들려오는 전화벨 소리. 누구야? 성가시고 귀찮다. 어둠을 헤치고 손을 뻗쳐도 전화기는 어디 갔는지…. 겨우 수화기를 더듬어 귀에 갖다대는데, 이건 또 무슨 소리? "목사님, 이번 주일 설교 주제가 뭡니까?"

그때 내놓을 한 문장이 있는가? 예의범절을 따지기 전에 그때 대답할 한 문장이 가슴에 있는가? 이게 바로 새벽 3시 테스트다. 설교자가 주제를 명확하게 결정하였는지, 그래서 그의 가슴에 그 주제가 선명하게 새겨졌는지를 측정하는 테스트다.

시계를 보니 새벽 3시. 우리 의식이 가장 연약한 시간이다. 학자에 따라 새벽 2시를 말하는 이도 있고, 4시를 말하는 이도 있다. 몇 시면 어떠랴! 이 시간은 두뇌의 수레바퀴가 가장 삐걱거리는 시간이자, 창조적인 사고를 가장 노골적으로 거부하는 시간이다. 바로 그 순간 설교자에게 날아오는 질문, "이번 주일 설교 주제가 뭡니까?" 그때 지체 없이 내놓을 한 문장이 있는가? 설교 주제를 수정처럼 맑게 한 문장으로 표현할 수 있는가? 그렇다면 합격! 설교단에 올라도 좋다.

선명한 주제의 중요성은 아무리 강조해도 지나치지 않다. 전하려는 메시지가 다 전달되면 얼마나 좋으랴! 그러나 현실은 그렇지 않다. 설교자가 '전하려고 의도'한 메시지, 실제 설교자가 입으로 '전한' 메시지, 그런데 실제로 청중에게 '전달된' 메시지. 이상적으로는 이 셋이 일치해야 하지만, 현실은 그렇지 않다.[26] 이걸 전하려고 했는데 나도 모르게 엉뚱한 메시지가 전해졌을 수 있고, 나는 그렇게 전하지 않았는데 청중이 잘못 듣고 오해할 수도 있다. 수돗물이 중간 누수로 출발한 양과 가정에 도달한 양이 차이가 나듯, 설교자가 전하려는 메시지에도 누수가 생긴다. 심지어 의도하지 않은 불순물이 끼어들기도 한다.

이 간극을 메우는 방법이 무엇일까? 설교자의 의도와 실제 청중에게 당도한 메시지를 최대한 일치시키는 방법은 무엇일까? 필자의 판단으로는 단연 주제다. 선명한 주제다. 설교자의 가슴에 깊

---

[26] 베르나르 베르베르, 『상상력 사전』, 이세욱, 임호경 옮김 (서울: 열린책들, 2011), 1편 '시도'편: "내가 생각하는 것, 내가 말하고 싶어하는 것, 내가 말하고 있다고 믿는 것, 내가 말하는 것, 그대가 듣고 싶어하는 것, 그대가 듣고 있다고 믿는 것, 그대가 듣는 것, 그대가 이해하고 싶어하는 것, 그대가 이해하고 있다고 믿는 것, 그대가 이해하는 것. 내 생각과 그대의 이해 사이에 이렇게 열 가지 가능성이 있기에 우리 의사소통에는 어려움이 있다. 그렇다 해도 우리는 시도를 해야 한다."

이 각인된 주제다. 그래서 청중의 가슴에도 동일하게 새겨질 주제다. 설교 누수에 대한 가장 현실적인 대처는 선명한 주제를 결정하고 그 주제를 중심으로 설교를 구성하는 것이다. 그런 의미에서, 비록 상상의 테스트이지만, 새벽 3시 테스트 한번 해봄직하다. 합격을 기원한다.

10 주제 중심의 3단계 강해 설교 작성법

간략하게 필자가 생각하는 주제 중심의 강해 설교 작성법을 소개한다. 주제의 중요성을 부인하는 설교학자는 없다. 주제의 중요성을 부인하는 설교 작성법도 없다. 그러나 현실적으로 7-10단계 정도 되는 설교 작성법에서 주제 결정은 오직 하나의 단계를 점유한다. 그러다 보니 1/7 혹은 1/10이라는 물리적 왜소함으로 인해 그 중요성이 실천적으로 소홀히 여겨지기도 한다. 그래서 생각한 것이 주제 중심의 설교 준비 3단계다. 7-10단계들을 포기하거나 건너뛰는 것은 아니다. 다만 주제를 중심으로 몇 단계를 통합하고 묶어낸 결과가 3단계 작성법이다.[27]

---

27) Ramesh Richard, *Preparing Expository Sermons: A Seven-Step Method for Biblical Preaching* (Grand Rapids: Baker, 2001), 77-79. 그는 총 7단계 설교 준비 과정을 제안하는데, 사실상 2단계로 요약 가능하다. 압축 그리고 확대의 두 과정이다. 중심에 설교의 목적을 둔 대칭적인 설교 준비 과정인데, 왼편에는 본문에서 설교의 목적으로 압축, 그리고 오른편에는 설교의 목적에서 설교문으로 확대, 총 두 단계다.

- 1단계: 주제 결정하기
- 2단계: 주제를 중심으로 설교문 작성하기
- 3단계: 주제를 중심으로 설교문 퇴고하기

현장의 분주함을 고려하고, 특히 주제가 선명하게 살아있는 설교를 원한다면, 충분히 시도해볼 만한 작성법이다.

1단계는 본문을 한 문장의 주제로 축소하는 단계로서, 본문 선택과 읽기, 해석과 적용을 포함한다. 본문을 선택하되 하나의 주제를 품은 주제 단위로 본문을 선택한다. 본문을 읽고 해석하여 석의 주제를 결정하고, 석의 주제를 청중에게 적용하여 설교 주제를 확보한다. 이 모든 과정을 설교자는 주제의 결정이라는 분명한 목표를 가지고 행해야 하고, 그 목표를 달성해야 한다. 청중에게 적용된 주제 문장을 확보함으로써 1단계가 완료된다.

2단계는 결정된 주제를 토대로 설교문을 작성하는 확대 단계다. 우선은 구조와 대지를 결정해야 하는데, 주제를 가장 효과적으로 전달할 수 있는 구조여야 한다. 주제를 효과적으로 드러낼 수 있는 예화와 여러 자료를 활용하여 일차 설교문을 작성하면 2단계가 완료된다. 1단계가 본문에서 한 문장 주제로의 축소 과정이었다면, 2단계는 한 문장짜리 주제에서 30분짜리 설교로 확대하는 과정이다. 그 중심에 주제가 분수령을 형성한다.

3단계 퇴고는 2단계의 일부로 볼 수도 있지만, 퇴고의 중요성을 강조하기 위해 따로 한 단계로 구분한다. 허셀 요크(Hershael York)

의 말에 귀 기울일 필요가 있다.

설교의 모든 것이 이 명제(주제)와 관련되어야 한다. 이 명제가 설교자의 나침반이다. 이 명제를 제대로 부각시키지 못하는 예화가 있다면, 제거해버려야 한다. 이 명제와 직접적으로 연결되지 않는 대지가 있다면, 수정해야 한다. 서론은 청중을 그 명제로 직접 인도하여야 하고, 결론은 그 명제를 청중의 마음에 새겨야 한다.[28]

주제 중심의 3단계 작성법은, 설교에서 성경본문의 의미를 최대한 살리기 위한 설교학적 처방이다. 성경 메시지를 있는 그대로 전해야 한다는 것은 모든 설교자의 소망이다. 그러나 작성된 설교문은 현실적으로 성경본문과 달라질 수밖에 없다. 이 불가피한 차이 속에서 본문의 의미 손상을 최소화하는 방법이 무엇일까?

본문을 그대로 둔 채, 이런저런 해설을 덧붙여서 확대하면 가능할까? 예를 들어, 본문이 열 절로 구성되어 있다면, 각 절을 스무 절로 확대하여 총 200문장으로 확대하면 의미의 손상을 최소화할 수 있을까? 그런 기계적인 보호법으로는 의미를 보존하기보다 오히려 저자의 의미를 근본적으로 훼손하게 된다. 그야말로 중구난방이 될 수 있다. 본문의 저자가 강조하려고 한 문장과 상대적으로 주변 설명으로 제쳐둔 문장이 동일한 무게로 취급되기 때문이다.

성경본문의 의미를 보존하는 최선책은 주제 중심의 설교문 작성

---

28) York, *Preaching with Bold Assurance*, 140.

이다. 성경본문에 드러난 저자의 의도를 한 문장짜리 주제로 요약함으로써 저자의 의도를 확보하고, 그것을 현청중에게 맞게 적용하여 설교 주제를 확보한 후 그것을 설교문으로 확대할 때, 본문 저자의 의도를 최대한 설교문에 담아낼 수 있다. 다시 말해, 본문 연구를 통해 석의 주제를 결정하고, 그것을 현청중에게 적용하여 설교 주제를 확보하고, 그 설교 주제를 설교문으로 확대하는 것이다. 이런 과정을 거쳐서 탄생한 설교문이라면, 비록 외양적인 모습은 성경본문과 달라졌어도, 저자가 본문을 통해 전하고자 한 메시지만은 그대로 담아낼 수 있다.

동시에, 주제 중심의 설교 작성법은 커뮤니케이션 효율을 최대한 높이기 위한 설교학적 처방이다. 여기에 대해 더 논의하는 것이 사족에 불과한 것은, 이 원리가 아래 리트핀(Duane A. Litfin)이 말하듯 수천 년 커뮤니케이션 역사가 보증하는 원칙이기 때문이다.

> 지난 2천 5백 년이 넘는 세월 동안 대중 연설을 연구하고 실천해온 사람들 사이에 놀라운 의견일치가 있으니, 하나의 단일한 생각을 중심으로 연설을 구성하는 것이 가장 효과적이라는 것이다. 고대 그리스 로마 수사학자들부터 현대 커뮤니케이션 이론가들까지, 성경에 소개되는 설교부터 오늘 설교단에서 울려퍼지는 설교에 이르기까지, 오래전 정치 연설부터 우리 시대의 설득적인 메시지까지, 대중 연설의 역사와 그 역사로부터 우리가 얻은 교훈은 한 목소리로 힘주어 말하길, 한 연설이 최대치의 효력을 가지려면 어떡하든

오직 하나의 주된 명제를 개진하도록 애써야 한다.[29]

명료한 주제를 중심으로 구성된 연설이 효과적이다. 가벼운 모래알보다 무거운 야구공 하나가 쉽게 전달된다. 던지는 사람도, 받는 사람도 모래알보다는 야구공을 선호한다. 왜? 하나로 집약되어 있기 때문이다. 주제가 있는 설교가 야구공 설교라면, 그렇지 못한 설교는 흩어지면 죽는 모래알 설교다. 본문 연구와 적용을 통해 바르고 힘센 주제를 결정하고, 그 주제를 중심으로 설교를 작성하고, 그 주제를 중심으로 설교하라.

---

29) Litfin, *Public Speaking*, 80.

2장

전략적 대지와 구조

주제와 청중에게 어울리는 구조를 선택하라
대지 문장은 작은 주제 문장이다
대지는 주제를 섬기는 종이다
주제를 향하여 대지들이 통일성을 띠게 하라
본문의 흐름보다 생각의 흐름에 따라 대지를 배열하라
대지 사이에 진전 혹은 차별성이 감지되게 하라
앙상한 대지에 설명과 증명, 적용의 옷을 입히라
암기할 수 없다면 대지가 아니다
3대지는 살아있다! – 3대지의 역동성
반전이 청중의 마음을 연다 – 기승전결
준거 구조를 결정하라

좋은 설교는 좋은 메시지와 더불어 좋은 구조다. 한 문장의 주제가 정해지면, 그 주제는 다시 서너 문장의 대지[30]로 확대되며, 이 대지 문장들이 설교의 구조를 형성하게 된다. 좋은 주제를 기초로 좋은 대지 혹은 좋은 구조가 마련될 때, 좋은 설교를 향한 또 한 번의 진일보가 이루어진다.

구조는 정적인 골격의 기능과 더불어, 설교의 동적인 흐름을 구성한다. 골격이 튼튼한 집이 좋은 집이다. 외양이 화려하고 고급스러워도 골격이 부실한 집은 환영받지 못한다. 설교라는 집을 든든하게 떠받칠 수 있는 튼실한 골격이 마련되어야 한다. 대지 문장 하나하나가 옹골차야 한다. 동시에 흐름이 매끄러운 구조가 좋은 구조다. 맑은 물도 강의 흐름이 매끄럽지 못하면, 자칫 고이고 지체

---

30) '대지'라는 말은 필자가 대지 설교를 고집한다는 의미가 아니다. 내러티브 플롯을 가진 설교도 충분히 가능하고, 더 나아가 이야기체 설교도 가능하다. 그때는 '마디', 혹은 David Buttrick이 말하는 'movement'라고 불러도 좋다. 여기선 그냥 대표어로 '대지'라고 쓴다.

되어 썩어버린다. 튼튼한 골격을 이루면서도 매끄러운 흐름을 가진 구조가 좋은 구조이며, 그렇게 좋은 구조는 퇴고의 주요한 목표이기도 하다.

구조는 전략이다. 좋은 구조를 일컬어 본서는 '전략적' 구조라고 부른다. 주제는 홀로지만, 구조는 대지 문장들이 하나의 팀을 이룬 결과다. 팀워크 혹은 전략이 필요하다는 말이다. 대지 문장 하나하나가 튼실한 골격을 구성하면서도, 동시에 하나의 팀으로서 전략적인 흐름을 보일 때, 비로소 좋은 구조가 탄생한다.

좋은 구조가 갖추어야 할 조건으로 대체로 다음 사항들이 요구된다. 통일성(unity), 효과적인 배열(order), 그리고 진전(progress). 이 셋을 포함하여 좋은 구조를 향한 여정을 시작하자.

1 주제와 청중에게 어울리는 구조를 선택하라

어떤 구조를 선택할 것인가? 귀납형, 연역형, 아니면 내러티브? 주인에게 물어보라. 구조가 섬겨야 할 주인들이 있다. 주제, 청중, 그리고 설교자 자신.

우선, 주제는 구조에도 주인이다. 그러니 설교 주제에 적합한 구조를 선택하라. 어느 그릇이 좋은 그릇인가? 막연한 우문(愚問)이다. 이 어리석은 질문에 대한 현답(賢答)은, "무엇에 쓰시려고 그러십니까?"라는 되물음이다. 그릇의 좋고 나쁨을 논하기 전에 우선

용처부터 살펴야 한다. 주제가 음식이라면, 구조는 담는 그릇이다. 무조건 좋은 그릇은 없다. 면에 어울리는 그릇이 있고, 밥에 어울리는 그릇이 있다. 그 음식에 적합한 그릇, 그 음식에 어울리는 그릇이 좋은 그릇이다. 전하려는 주제를 분석하라. 그 주제가 연역형을 원한다면 연역형 그릇에 담으라. 주제가 귀납형을 원한다면 당연히 귀납형 그릇을 준비하라.

구조가 섬겨야 할 두 번째 주인은 청중이다. 좋은 구조는 청중에게 적합한 구조다.[31] 귀납형 구조의 장점이 있고, 일인칭 내러티브 형식의 장점이 있다. 실물 설교의 탁월성이 있고, 대화 형식 설교의 파격이 주는 신선함도 요긴하다. 그러나 아무리 장점이 있어도 청중에게 맞지 않으면 곤란하다. 얄미운 학을 골탕 먹이기 위해, 작심하고 접시에다 음식을 담아낸 여우 이야기를 기억하라. 국보급 장인이 빚어낸 접시라 해도, 긴 부리 학이 어찌 접시에 담긴 음식을 먹을 수 있겠는가. 청중에게 맞는 그릇을 준비해야 한다. 지나친 파격은 메시지를 해칠 수 있다. 좋은 주제일수록 청중에게 맞는 그릇에 담아내라.

구조가 섬겨야 할 세 번째 주인은 설교자 자신이다. '세 번째' 주인으로 부른다 해서 그 중요성이 셋째 간다는 의미가 아니다. 이 기준에 맞지 않는 경우 설교 전체가 어색해질 수 있다. 좋은 구조는

---

[31] 김서택, 『건축술로서의 강해설교』(서울: 홍성사, 1998), 58-59. 설교의 구조를 건축술에 비유하는 그는, 구조의 필요성을 설교자와 청중의 부패한 본성에서 찾는다. 말씀에 복종하지 않으려는 완강한 저항심을 이겨내기 위한 도구가 좋은 구조라고 말한다.

설교자 자신에게 맞아야 한다. 아무리 좋아도 사울의 갑옷을 다윗이 입을 수 없고, 예리하고 강해도 다윗에겐 사울의 검보다 가죽끈에 돌멩이가 제격이다. 절대적이진 않지만, 각 설교자에게는 나름의 스타일이 있어서 상대적으로 잘 맞는 구조가 있다.[32] 3대지가 잘 맞는 설교자가 있고, 내러티브 플롯을 가진 원포인트 설교가 어울리는 설교자가 있다. 자신에게 맞는 구조를 찾으라.

본문의 장르와 설교 형식은 어떤 관련이 있는가? 무관하진 않지만, 큰 의미가 없다. 내러티브 본문을 반드시 내러티브 형식으로 설교할 필요는 없다. 만일 그러해야 한다면, 시편은 시 형식으로 설교하고, 기도문이 나오면 눈을 감고 손을 모으고 설교해야 한단 말인가? 본문의 장르는 본문 해석 단계에서 결정적인 역할을 수행한다.[33] 장르는 저자가 의미를 담아낼 때 사용한 문학적 규칙이기 때문이다. 그러나 설교의 형식은 설교자 스스로 결정하면 된다. 주제에 적합한 구조, 청중에게 맞는 구조, 그리고 설교자 자신에게도 맞는 구조. 이 기준으로 설교자가 전략적으로 선택해야 한다.

선택과 결정은 언제나 힘겨운 작업이다. 그러나 어쩌랴, 하나님께서 설교자에게 맡기신 주요한 과업 가운데 하나는 선택이다. 특별

---

32) 신학대학원에서 설교 실습을 지도해본 경험으로, 때로는 한 설교자가 '좋아하는 구조'와 그 설교자에게 '맞는 구조'는 달랐다. 내가 좋아하는 구조에 마음이 끌리겠지만, 나에게 맞는 구조를 찾는 노력이 좋은 설교를 위해서 꼭 필요한 작업이다.

33) Stein, 『성경 해석학』, 95-96. 장르에 따라 다른 해석적 접근이 필요함을, 그는 스포츠 경기 규칙에 비유한다. 각 경기마다 다른 규칙이 있듯이, 다른 장르에는 다른 해석적 규칙이 있다.

히 지금은 오늘 설교를 위한 최선의 구조를 결정하는 선택이다. 좋은 선택을 하기를….

2 대지 문장은 작은 주제 문장이다

대지의 모음이 구조다. 다시 말해 개별 대지가 집합으로 모일 때 하나의 구조를 형성하게 된다. 따라서 개별 대지의 튼실함이 튼실하고 좋은 구조의 기초가 된다.

좋은 구조를 위해서 개별 대지가 갖추어야 할 조건이 있고, 더불어 집합으로서 대지들이 상호 관계 속에서 갖추어야 할 조건이 있다. 우선 개별 대지를 이끄는 대지 문장이 갖추어야 할 조건을 정리하면, 첫째는 완결된 문장이어야 한다. 둘째, 선명한 표현. 마지막 셋째는 주제를 섬겨야 한다. 대지 문장의 조건은 주제의 그것과 유사하며, 원리상 동일하다. 대지 문장 역시 하나의 작은 주제로서, 형식적인 측면에서는 주제와 동일 DNA를 보유하고 있다. 덩치만 작을 뿐, 각 대지는 하나의 완결된 메시지를 구성해야 한다는 의미다.

대지 문장의 첫째 조건은 설교 전체의 주제가 그러하듯, 완결된 문장이다. 설교 전체가 하나의 완결된 메시지라면, 대지 역시 각각 하나의 완결된 메시지여야 한다. 3대지 설교는 작지만 완결된 세 개의 메시지로 구성된 설교다.[34] 이를 위해 각 대지는 하나의 완결된 문장으로 요약될 수 있어야 하며, 그 문장이 곧 대지 문장이다. 각 대지별로 완결된 하나의 대지 문장이 마련되어야 한다.

둘째 조건은 선명한 표현이다. 주제가 그러하듯, 각 대지는 그 표현이 선명해야 한다. 선명한 대지 문장이 선명한 대지를 구성하며, 선명한 대지들이 선명한 설교의 기반이 된다. 주제를 다듬듯이 대지 문장을 다듬으라. 그 뜻이 분명하고, 그 표현이 선명하도록, 다듬고 또 다듬으라. 퇴고의 목표는 세련되고 화려한 문장이 아님을 기억하라. 선명한 문장이다. 주제에서도 그러하듯, 대지 문장의 선명도는 설교자의 표현 능력이 아니라, 메시지를 얼마나 확실하게 결정하였는지 보여주는 표지다. 선명한 표현이 나오지 않는다면, 아직 그 대지의 메시지를 확실하게 결정하지 못했는지도 모른다. 점검하라. 이어서 셋째와 넷째 조건을 살펴보자.

3 대지는 주제를 섬기는 종이다

개별 대지가 갖추어야 할 셋째 조건은 각 대지가 주제를 섬겨야 하는 것이다. 순서상으로 셋째에 배치했지만, 그 중요성에

---

[34] 물론 이 대지들이 주제를 중심으로 통일성을 이루지 못할 경우에는 로빈슨이 말하는 'sermonettes', 혹은 '세 편의 짜깁기 설교'가 된다. *Robinson, Biblical Preaching*, 34-35.

있어서는 오히려 첫째에 비길 만하다. 주제에 대한 충성은 개별 대지의 가장 근본적인 조건이다. 강조를 위해 반복하면, 각 대지는 주제를 섬겨야 한다. 대지는 대지 스스로를 위하지 않고, 주인인 주제를 위하고 섬겨야 한다. 주제를 향하여 나아가는 징검다리가 되어야 하고, 자기 몸을 태워서 주제를 선명하게 드러내는 등불이 되어야 한다.

연역형 대지라면 주제를 정방향으로 섬긴다. 주제를 설명하고, 주제를 증명하고, 때로는 주제를 적용함으로써 주제를 섬긴다. 반면에 귀납형 설교라면, 특히 귀납형 설교의 초기 단계 대지는 주제를 거슬러 역방향으로 주제를 섬길 수도 있다. 주제에 더 밝은 빛을 비추기 위해 어둠을 자처할 수도 있다. 어느 쪽이든 대지는 주제를 섬겨야 하며, 그 사실을 청중이 체감할 수 있어야 한다. 주제를 섬기지 못하는 대지라면, 수정하거나 차라리 제외하라. 주제와 관련이 없는 대지는 이번 설교에 설 자리가 없다.

본문을 섬길 것인가, 아니면 주제를 섬길 것인가? 애매한 질문이다. 아이들에게 가장 난감한 질문이 엄마가 좋으니, 아빠가 좋으니? 이런 난감한 질문으로 곤란했던 적이 한두 번 있을 것이다. 이에 못지않게 난감한 질문이 '본문을 섬길 것이냐?' '주제를 섬길 것이냐?'이다. 당연히 둘 다 섬겨야 한다. 그러나 그럼에도 불구하고 둘 중에 하나를 고르라면, 대답은 주제다. 대지는 본문보다 주제를 섬겨야 한다.

둘의 관계를 좀 더 선명하게 정리해둘 필요가 있다. 대지는 본문의 의미에 기초해야 하는가? 그렇다. 그런데 주제를 '통하여' 그렇다. 설교 주제가 그러하듯, 대지 역시 본문 의미에 기초해야 한다. 그러나 둘의 차원이 다른 것이, 설교 주제가 '직접적으로' 본문에 기초한다면, 대지는 주제를 '통하여' 본문에 기초한다. 본문을 섬기는 방식이 주제는 '직접적'이라면 대지는 '간접적'이다. 대지는 주제의 지휘를 벗어나 직접 본문을 섬기는 별동대가 아니다. 본문에서 주제로, 다시 주제에서 대지로, 일관되게 흐르는 지휘 통제 선상에 대지가 존재한다. 다시 말해 대지는 주제를 섬김으로 본문을 섬기고, 주제에 충성함으로 본문에 충성한다.

그래서 때로는 대지가 본문에서 다소 이격된 모습을 보일 수도 있다. 모든 부대가 전진할 때, 지휘관의 명령에 의거 특수 임무를 띠고 홀로 후퇴하는 부대가 있지 않은가. 그런 대지가 가능하다. 외양은 후퇴하지만 의미상으로는 충성스럽게 전진하고 있다. 그 대지가 나름 의미 있게 주제를 섬기고 있다면, 그 대지의 존재는 배신이 아니라 충성이다. 요컨대, 대지가 섬겨야 할 직속상관은 주제이며, 대지가 일차적으로 통솔을 받아야 할 지휘관은 본문이 아니라 주제다.

더불어 넷째 조건을 들자면, 적용된 문장이다. 주제가 적용된 문장이어야 하듯, 주제를 섬기는 대지 문장 또한 적용이 완료된 문장이 좋다. 해석적인 문장 혹은 주해적인 문장이 아니라, 적용된 문장이어야 한다. 설교는 적용이다. 설교는 당연히 해석에 기초하지만, 해석이 아니라 적용이다. 적용이 포함되는 것이 아니라, 설교 전체가 적용이어야 한다. 해석은 원독자를 겨냥하고 적용은 현청중을 겨냥한다. 설교는 어느 쪽인가? 당연히 현청중을 겨냥한다. 그러니 설교는 적용이며, 물이 바다를 덮음같이 적용으로 가득해야 한다. 그런 의미에서, 주제와 더불어 대지 문장도 적용된 문장이 이상적이다.

대지를 마련했다면, 적용된 문장인지 확인하라. 본문에 기초했는지, 해석적인 정확성이 있는지를 넘어, 청중에게 적용된 문장인지 확인하라. 그렇지 않다면 아직 퇴고가 더 필요한 대지다. 물론 직속상관인 주제가 지시하기를, 2번 대지 너는 해석 문장이 되라고 한다면 거기에 순종해야 한다. 그러나 일반적인 경우, 모든 대지 문장은 적용이 완료된 문장이어야 한다.

4 주제를 향하여 대지들이 통일성을 띠게 하라

이제는 개별 대지의 조건이 아니라 집합으로서 대지들이 갖추어야 할 조건을 정리하겠다. 대지들이 다른 대지들과의 상호관련 속에서 갖추어야 할 조건들이다.

우선은 통일성이다. 가벼운 모래 한 줌보다 무거운 벽돌이 다루기 쉽다. 구슬이 서 말이어도 꿰어야 보배다. 핵심은 통일성이다. 통일성 있는 대지가 통일성 있는 설교를 만들고, 통일성이 확보된 설교가 좋은 설교다.

통일성의 기초는 주제이며, 통일성의 본질은 각 대지의 주제 지향성이다. 각 대지 문장들이 주제를 지향할 때 통일성이 마련된다.

토픽: 예수님은 우리에게 누구인가?
　첫째, 예수님은 길이다.
　둘째, 예수님은 진리다.
　셋째, 예수님은 생명이다.

세 개의 대지 문장은 표면적으로는 다르지만, 하나의 지점을 가리키고 있다. '사람을 하나님께로 이끄는 유일한 통로는 예수님이다.' 이것이 통일성이다. 여기에 넷째, '성령님은 우리 보혜사다'라는 대지가 끼어든다면, 통일성이 깨진다. 예수님에 관한 설교가 성령님으로 전환되면서 응시 방향이 흩어지기 때문이다.

통일성은 반드시 정방향으로만 확보되는 것이 아니다. 앞장에서 설명한 대로, 표면적으로는 역방향을 가리키는 대지로도 통일성을 견지할 수 있다. 귀납형 구조에서 자주 그런 경우가 발생한다.

토픽: 어떻게 하면 구원에 이르는가?
　첫째, 돈으로 구원받지 못한다.
　둘째, 힘으로 구원받지 못한다.
　셋째, 오직 믿음으로 구원받는다.

돈과 믿음이 가리키는 방향은 표면적으로 역방향이다. 믿음은 구원을 가리키지만, 돈은 무용지물이다. 그러나 돈과 믿음은 표면적 역방향에도 불구하고 결국 하나의 주제를 섬긴다. 하나는 부정으로, 다른 하나는 긍정으로, '오직 믿음으로 구원받는다'라는 동일한 주제를 섬기고 있다. 이것이 통일성이다.

대지의 통일성을 확보하는 방법은 가장 기본적인 퇴고 원칙 두 가지다. 수정하거나 아니면 제외하거나. 대지 작성 후 통일성을 드러내지 못하는 대지가 있다면 통일성을 가지도록 수정해야 한다. 한번으로 안 되면 다시 수정해야 한다. 그런데 아무리 수정해도 통일성을 나타내지 못한다면 그 대지는 제외해야 한다. 통일성이 깨진 3대지보다 통일성이 확보된 2대지 설교가 좋은 설교다.

설교적인 완전성은 때로 더할 것이 없는 상태가 아니라, 오히려 뺄 것이 없는 상태다. 특히 통일성에 있어서 그러하다. 통일성을 흩트리는 대지가 있다면 수정하거나, 아니면 과감히 제외하라.

5 본문의 흐름보다 생각의 흐름에 따라 대지를 배열하라

대지를 배열하되, 가장 효과적인 순서로 배열하라. 같은 대지라도 항상 같은 설교가 나오는 것은 아니다. 대지가 제시되는 순서에 따라 전달 효율이 달라질 수 있고, 심지어 메시지의 초점도 달라질 수 있다.

어떻게 배열할 것인가? 대원칙을 말하면, 첫째, 주제를 효과적으로 드러내는 순서로 배열하라. 둘째, 청중이 주제를 이해하고 수납하기에 가장 효과적인 순서로 배열하라. 합하면, 생각의 흐름에 맞는 배열이다. 주제 자체가 하나의 생각이기에 주제의 흐름은 곧 생각의 흐름이고, 청중의 이해는 생각을 통해 이루어지니 그 또한 생각의 흐름이다. 요컨대 대지의 배열은 생각의 흐름에 맞추라.[35]

본문의 흐름을 고집하지 마라. 본문의 순서를 있는 그대로 설교에 옮겨오는 배열도 좋지만, 그보다는 생각의 흐름을 좇아 수정하는 것이 지혜다. 본문에 대한 충성은 본문의 외양을 답습하는 기계적 충성이 아니라, 본문이 전하려는 메시지를 손상 없이 전하는 전달의 신실성이다. 그래서 때로는 본문에 충성을 다하기 위해, 외양적인 배신을 감행해야 할 때도 있다. 신실한 설교자는, "본문의 순서가 이래요" 하고 비겁하게 변명하지 않는다. 오히려 본문 메시지를 살리기 위해 스스로 책임지고 과감하게 변경을 시도한다.

물론 본문의 흐름이 생각의 흐름을 따르는 경우가 대부분이다. 예를 들어, 스바냐 3:17이라면 본문의 흐름을 그대로 좇아 설교를 구성하는 것이 가장 효과적이다. 본문의 흐름 자체가 하나님의 존재 안에 스며있는, 우리를 향한 복음을 점층적으로 잘 드러낸다.

토픽: 하나님은 우리에게 누구신가?

---

35) 한진환, 『설교의 영광』, 185.

첫째, 하나님은 우리 가운데 계신다(너의 하나님 여호와가 너의 가운데에 계시니).

둘째, 하나님은 우리에게 구원을 베푸실 전능자이시다(그는 구원을 베푸실 전능자이시라).

셋째, 하나님은 우리를 너무나 사랑하시는 하나님이시다(그가 너로 말미암아 기쁨을 이기지 못하시며 너를 잠잠히 사랑하시며 너로 말미암아 즐거이 부르며 기뻐하시리라).

그러나 때로는 본문의 흐름을 변경하거나, 아예 본문의 흐름을 초월하여 새롭게 대지를 구성해야 하는 경우도 있다. 내러티브 본문을 가지고 대지 설교를 구성할 경우에 자주 그런 일이 발생한다. 내러티브는 이야기 전개의 플롯을 좇아간다. 그러나 설교의 대지는 전하려는 주제의 흐름을 좇아가야 한다. 이 경우는 본문의 플롯이 아니라 주제의 흐름을 좇아 대지를 구성할 수 있다. 예를 들어, 이동원 목사는 마태복음 8:5-13을 본문으로 다음과 같이 설교하였다.[36]

제목: 예수님을 감동시킨 사람
토픽: 예수님을 감동시킨 백부장의 믿음은 어떤 믿음이었는가?
    첫째, 백부장의 믿음은 자신을 초월하는 믿음이다(나를 넘어 이

---

36) 이동원, 『당신은 예수님의 VIP』(두란노, 2010), 180-91.

윗/하인을 보는 믿음).

둘째, 백부장의 믿음은 공간을 초월하는 믿음이다(예수님의 치유 능력이 공간을 초월한다는 믿음).

셋째, 백부장의 믿음은 민족을 초월하는 믿음이다(이방인 백부장이 자신에게는 이방인인 예수님께 나온 믿음).

본문에 기초한 설교지만, 대지의 내용과 배열은 본문보다 주제에 조율된 설교다. 본문 메시지를 버리지 않으면서, 청중의 뇌리에 효과적으로 심을 수 있는 메시지를 구성하기 위해서는 때로 본문의 순서를 초월할 필요가 있다. 설교는 본문에 기초하고 본문을 섬겨야 하지만, 주제를 통해서 그리해야 하기 때문이다.

효과적인 대지 배열을 찾는 한 가지 방법은 대지의 순서를 의도적으로 바꾸는 것이다. 시험 삼아 이렇게 저렇게 대지 순서를 바꾸어보라. 그래서 가장 자연스럽고, 가장 효과적인 배열을 결정하면 된다. 그런 연후에 설교문을 작성하라. 물론 설교문 작성 중에도 대지 배열에 변화를 줄 수도 있다. 다양한 시도를 통해 가장 효과적인 배열을 선택하라.

고려할 만한 배열의 원칙 한 가지를 소개하면, '차선(second best)은 처음에, 최선(best)은 마지막에'이다.[37] 사람이면 누구나 좋은 것을 처음에 내놓아 관심을 끌고 싶은 욕심이 있다. 설교자 역시 가

---

37) 필자의 박사과정 지도교수였던 Hershael York 박사가 수업 시간에 한 말이다.

장 눈에 띠는 대지를 첫 부분에 내놓고 싶고, 가장 인상적인 예화를 서론에 배치하고 싶은 마음이 있다. 그러나 좀 더 지혜로운 배열은 최선의 것을 맨 마지막에 배치하는 것이다. 물론 초두에 좋은 것을 배치하여 청중의 마음을 사로잡을 필요가 있다. 그러나 최고의 것은 절정의 순간, 말미에 배치하는 것이 커뮤니케이션의 전략이다. 그래서 차선은 처음에, 최선은 마지막에 놓아보라.

6 대지 사이에 진전 혹은 차별성이 감지되게 하라

대지와 대지 사이에는 진전(progress)이 있어야 한다. 다른 말로, 각 대지는 고유한 메시지를 담고 있어서, 다른 대지와 구별되어야 한다. 진전이 없는 설교, 유사한 메시지가 반복되는 느낌의 설교는 고인 물과 같다. 흐르지 않는 물이 썩듯이, 진전이 느껴지지 않는 설교는 청중의 마음을 닫게 한다. 한 대지에서 다음 대지로 넘어갈 때에는 분명한 진전이 청중에게 체감되어야 한다.

진전이 이루어지는지, 아니면 정체되고 있는지 냉정하게 판단하라. 팔이 안으로 굽는다고, 남에게는 가혹하면서 자신에게는 관대한 경우가 있다. 이는 도덕적으로도 바람직하지 않지만, 설교학적으로도 마찬가지다. 내가 세운 대지일수록 더 냉정하게 판단해야 한다. 내가 고민해서 세운 대지이기 때문에, 내 눈에는 의미 있는 차이가 보이지만, 다른 사람들이 보기에는 그렇지 않은 경우가 허

다하다. 예를 들어, 어떤 본문에서 다음 두 대지를 뽑았다고 가정해보자.

첫째, 하나님은 우리를 사랑하십니다.
둘째, 하나님은 우리를 보고 기뻐하십니다.

둘 사이에 진전이 있는가? 표면적으로는 그러하다. 하나님의 사랑에서 하나님의 기쁨으로 진전이 이루어지니 말이다. 그러나 기쁨이 사랑의 감정적 표현이라는 점에서 사실상 동일 메시지가 반복될 가능성이 크다. 사랑과 기쁨이라는 단어 자체는 큰 폭으로 이격되어 있는 듯해도, 메시지를 받는 청중의 입장에서는 정체된 답보 상태로 느껴질 수 있다. 이럴 경우에는 하나의 대지로 묶는 것이 좋다. 다음 예도 마찬가지다.

첫째, 하나님은 우리 죄를 용서하십니다.
둘째, 하나님은 우리를 구원하십니다.

용서와 구원은 용어상으로는 확연하게 구별되지만, 이 둘 역시 유사 메시지가 반복될 가능성이 크다. 메시지가 어떻게 다뤄지는지에 따라 달라지겠지만, 둘 사이에 의미 있는 차이, 그래서 따로 대지를 할애해야 할 만큼 차별성이 있는지 냉정하게 판단해야 한다. 그래야 고인 물이 아닌, 진전 있는 설교가 구성된다.[38]

거꾸로, 표면적으로는 큰 차이가 없지만 실제 내용은 확연히 구별되는 대지도 있다. 예를 들어, 요한복음 3:16을 기초로 구성한 3대지 설교를 보자.

> 토픽: 하나님은 우리에게 어떤 분인가?
> 　첫째, 하나님은 우리를 사랑하십니다.
> 　둘째, 하나님은 우리를 아주 많이 사랑하십니다(독생자를 주셨
> 　　　으니).
> 　셋째, 하나님의 사랑은 우리에게 영생을 주시는 능력 있는 사
> 　　　랑입니다.

첫째 대지와 둘째 대지 사이에는 겉보기에는 진전이 뚜렷하지 않다. '사랑'에서 '아주 많이 사랑'으로 미세한 이동이 있을 뿐이다. 그러나 다음과 같이 풀면 확연히 구별되는 고유한 메시지를 품고 있다. 첫째 대지는 '하나님은 우리를 미워하거나 무관심하지 않고 사랑하신다'는 의미이고, 둘째 대지는 하나님 사랑의 크기를 다룬다.

---

38) 3대지는 하나가 아니라 여럿이다. 일반적으로 대지 상호 간의 관계가 대등인, 소위 대등의 3대지가 일반적이지만, 진전의 3대지, 강화의 3대지, 반전의 3대지 등 다양한 변화가 가능하다.

'우리를 향한 하나님의 사랑은 다른 사랑과는 비교할 수 없이 크며, 심지어 외아들을 내어주실 정도다.' 겉으로 드러난 표현의 차이보다 안에 담고 있는 의미의 차이가 훨씬 크다. 따라서 별개의 대지로 구성해도 무방하며, 그렇게 하는 것이 마땅하다.

진전이 있는 대지를 구성하라. 스스로에게 속지 말고, 청중의 입장에서 객관적으로 그리고 냉정하게 판단하라. 대지 사이에 전진이 이루어지고 있는지, 아니면 사실상 메시지 반복으로 정체되고 있는지….

7 앙상한 대지에 설명과 증명, 적용의 옷을 입히라

대지는 하나의 골격으로 살을 입혀야 한다. 앙상한 설교가 아니라 풍성한 설교를 준비해야 할 것 아닌가. 어떻게 대지를 채울 것인가? 설명-증명-적용, 여기에 더하여 예화, 혹은 이미지로 채우는 것이 원칙이다.

대지를 채우는 기본 구성 요소를 일반적 순서에 따라 배열하면, 설명-증명-적용이다.[39] 여기에 예화를 더하여 설명-증명-예화-적용도 좋은 구도다.[40] 그러나 예화는 구성 요소라기보다 각 구성 요

---

[39] Robinson, *Biblical Preaching*, 75-87. 그는 우리가 선언적인 진술을 할 때 우리가 할 수 있는 일은 오직 네 가지라고 말한다. 재진술, 설명, 증명, 그리고 적용.

[40] Chapell, *Christ-centered Preaching*, 211-217. 해돈 로빈슨의 설명-증명-적용이

소가 활용할 수 있는 약방에 감초형 도구다. 예화를 가지고 대지를 설명할 수 있고, 대지를 증명할 수도 있으며, 잘 준비된 예화는 적용의 기능도 능숙하게 수행하다. 정리하면, 각 대지는 설명, 증명, 그리고 적용으로 채우되, 어느 쪽이든 예화, 혹은 이미지를 활용할 수 있다.

설명-증명-적용은 설교 목표를 이루기 위한 설교학적 처방이다. 설교 목표가 무엇인가? 청중의 변화, 즉 청중이 들은 말씀을 실천하게 하는 것이다. 어떻게 하면 그들이 실천할 수 있을까? 청중의 입장에서 생각해보자. 우선 '이해'해야 한다. 하나의 진리를 실천하기 위해서는 먼저 그 의미에 대한 '이해'가 전제되어야 한다. 다음으로 그 가르침이 사실임을 '확신'할 수 있어야 하며, 마지막으로 그것을 구체적으로 어떻게 '실천'할 수 있는지 깨달아야 한다.

청중의 이해-확신-실천, 이 과정을 돕는 것이 설교자의 설명-증명-적용이다. 청중의 '이해'를 돕기 위해 설교자는 대지의 의미를 '설명'하고, 청중의 '확신'을 위해 대지의 진리 됨을 '증명'하고, 구체적인 삶 속에서 청중의 '실천'을 돕기 위해 설교자는 대지를 '적용'한다. 대지를 설명하고, 대지를 증명하고, 대지를 적용하되, 그 효율을 높이기 위해 예화를 활용하라.

설명, 증명, 적용을 실천하는 구체적인 방법을, 스바냐 3:17을 본문으로 한 3대지 설교를 예로 삼아 소개하겠다(설교는 아니지만, 본서를

메시지 연구 과정으로 소개되었다면, 채플은 이것을 설교의 구조에 적용하여 구체적인 틀을 제시한다. 대지진술-설명-요약진술-예화-요약진술-적용.

집필하는 필자도 동일한 과정을 거치고 있다. 우선 각 대지는 설명-증명-적용, 그리고 예화로 채워져야 한다는 원리를 '설명'하였고, 이어서 이 원리가 청중의 이해-확신-실천을 돕는 유용한 처방임을 '증명'하였고, 이제 스바냐 3:17 설교를 구체적인 '예(화)'를 들어서 그 원리를 '적용'하고 있다).

토픽: 하나님은 우리에게 누구신가?
    첫째, 하나님은 우리 가운데 계신다.
    둘째, 하나님은 우리에게 구원을 베푸실 전능자이시다.
    셋째, 하나님은 우리를 너무나 사랑하시는 하나님이시다.

우선, 첫째 대지에 대한 간단한 설명을 제시하면, "하나님은 우리 가운데 계십니다. 하나님은 저기 멀리 우주 어느 곳에 계시지 않습니다. 우리 하나님은 바로 내 곁에 계신 임마누엘의 하나님이십니다." 조금 더 부연해서 설명이 가능하겠지만, 이 정도로도 설명의 기능은 충분하다. 설교학적 설명은 사전적 의미를 풀어주는 해박한 학문적 설명이 아니다. 감각적 언어를 동원해서 해당 대지의 의미를 간략하게 풀어주면 된다.

다음으로, 증명이다. 설교적 증명은 과학적 논증, 혹은 논리적 분석이 아니다. 그 대지가 성경본문에 기초하고 있는지, 그것이 하나님 말씀으로 보증될 수 있는지 보여주면 된다. 저 유명한 설교자 빌리 그레이엄(Billy Graham)이 입버릇처럼 말한 'The Bible says, 성경이 가라사대', 이것이면 충분한 증명이고, 가장 확실한 증명이다.

강해 설교가 이루어지고 있다면, 이미 청중과 설교자 사이에 암묵적인 동의가 공유되고 있다. 성경이 진리라는 것이다. 그러니 이 대지가 성경본문에 근거하고 있음을 보여주면 된다. 타당한 해석적 근거를 제시하면 되고, 많은 경우 그 대지가 근거하고 있는 한 구절을 읽어주는 것만으로도 충분한 증명이 된다.

예를 들어, 셋째 대지를 증명하면, "셋째, 하나님은 우리를 너무나 사랑하시는 하나님이십니다. … 본문 하반절을 보십시오. 그가 너로 말미암아 기쁨을 이기지 못하시며 너를 잠잠히 사랑하시며 너로 말미암아 즐거이 부르며 기뻐하시리라 하리라. 하나님이 우리를 보고 기쁨을 이기지 못하신답니다. 이 기쁨이 뭘까요? 사랑입니다. 사랑 중에서도 큰 사랑이죠. 주체할 수 없는 사랑. 저에게 딸이 둘 있는데, 아이들 얼굴을 볼 때 꼭 그래요. 기뻐요. 얼굴만 봐도 그냥 기뻐요. 왜 그럴까요? 사랑하기 때문입니다. 성도 여러분, 하나님이 여러분을 사랑하십니다. 그것도 아주 많이, 너무나 사랑하십니다." 본문 해석을 통해 대지가 증명되었다.

마지막으로 적용을 살펴보자. 적용은 So What? 대지가 실제 내 삶에 접하는 의미를 기술하는 것이다. 위의 세 대지는 공히 '우리는 하나님을 의지하고 살아야 합니다'라는 적용으로 이어질 수 있다. 첫째 대지에서는, "하나님이 계시지 않다면, 계셔도 멀리 계신다면 나는 그분을 의지할 수 없습니다. 그러나 우리 하나님은 우리 가운데 계신 하나님이십니다. 그분을 의지하시기 바랍니다."

마찬가지로 둘째 대지는, "하나님이 가까이 계셔도 그분이 약한

분이라면 나는 그분을 의지할 수 없습니다. 제 한 몸 돌보지 못할 연약한 하나님이라면, 그분이 가까이 계신들 무슨 소용이겠습니까? 그러나 그분은 전능하신 하나님, 그래서 내가 의지할 수 있는 분입니다." 마지막 셋째 대지에서는, "하나님은 여러분을 사랑하십니다. 그것도 아주 많이 사랑하십니다. 그러니 성도 여러분, 그분을 의지하고 하십시오. 그분은 나에게 관심이 있으시고, 그분은 나를 돕고 싶어하십니다. 마치 부모가 아이를 향하여 언제나 마음이 열려있듯이, 그분은 언제나 나를 사랑하시는 분이십니다. 그분을 신뢰하십시오. 그분만을 의지하십시오."

설명과 증명, 적용을 거치면서 상당 부분 설교가 채워졌다. 이미 말했듯이 적절한 위치에 예화가 활용된다면 설교문의 완성에 한걸음 더 다가간다. 설명하고, 증명하고, 적용하는 것. 청중의 이해를 위해 설명하고, 청중의 확신을 위해 증명하고, 청중의 실천을 위해 적용하고. 여기에 적재적소에 예화와 이미지가 동원된다면, 앙상하던 설교 골격이 풍성한 설교로 탈바꿈하기 시작한다.

8 암기할 수 없다면 대지가 아니다

대지는 암기가 가능해야 한다. 설교 전체를 암기할 수 없지만, 최소한 대지들은 암송해야 한다. 3대지 설교라면 세 개의 대지를, 기승전결 내러티브 플롯으로 구성된 설교라면 네 개의 마디를 눈으로 보지 않아도 술술 암기할 수 있어야 한다. 암기할 수 없다면 퇴고가 더 필요한 대지다. 복잡하다면 선명하게, 길면 짤막하게, 암기 가능 형태로 퇴고하라. 어느 정도로 암기해야 할까? 앞서 소개한 새벽 3시 테스트를 통과할 수 있으면 좋다.

대지 문장을 간명하게 다듬으라. 복잡한 문장은 암기가 어렵고, 암기하기 어려운 대지는 전달도 어렵다. 설교자가 암기하지 못하는 대지를 청중이 어찌 마음에 품을 수 있겠는가. 구름 없는 달빛처럼 선명하게 다듬어야 할 것은 주제만이 아니라 그 아우격인 대지도 마찬가지다. 각 대지의 핵심어를 분명히 정하고, 그 핵심어를 중심으로 간명한 문장으로 퇴고하라. 밤을 새워서 대지를 암기하라는 말이 아니다. 밤을 새워야 외울 문장이라면, 아직 퇴고가 끝나지 않은 문장이다. 쉽게 외워지는 문장으로 퇴고하고 그 문장을 암기하라.

대지 문장의 암기는 설교자에게 아주 요긴한 선물이다. 우선, 일정 부분 원고에서 자유를 누릴 수 있다. 불안한 듯 원고에 얽매이지 않을 자유를 선물한다. 설교는 원고에 기초하지만, 있는 그대로 기계적인 낭송이 아니다. 상황에 따라 원고에 없는 내용이나 원고와 다른 표현이 들어갈 수 있고, 경우에 따라서는 꽤 멀리 이탈할 수도 있다. 그 순간 자칫 길을 잃은 나그네처럼 당황할 수 있다. 그때도 당황하지 않고 원래 자리로 부드럽게 돌아가게 만드는 표지판이 있으니, 암기된 대지 문장이다. 메시지의 흐름을 굵은 마디격인 대지 문장으로 장악하고 있으니, 원래의 자리로 손쉽게 돌아갈 수 있다.

대지 문장의 암기가 주는 또 하나의 선물은 퇴고의 기회다. 마련된 대지가 생각의 흐름에 맞춰져있는지를 점검할 수 있다. 효과적인 설교는 생각의 흐름에 맞춰서 자연스럽게 구성된 설교라 했다. 그래야 설교자가 전하기 쉽고, 그래야 청중이 받기도 쉽다. 본문의 흐름이 중요하지만, 본문의 흐름과 생각의 흐름 사이에 양자택일해야 한다면 생각의 흐름에 맞추는 것이 효과적이다. 암송을 통해 대지를 한꺼번에 열거해보면, 대지의 연결이 생각 흐름에 제대로 조율되어 있는지 확인할 수 있다. 글로 읽을 때 발견되지 않던 결함이 말로 할 때 발견되기도 한다.

암기는 장악의 표지다. 단에 오르기 전 설교자는 메시지의 흐름을 장악한 상태여야 한다. 설교자가 장악하지 못한 메시지를 청중이 좇아올 것을 기대하기는 어렵다. 메시지 장악 여부를 확인할 수 있는 가장 간단한 방법은 대지 문장의 암기다. 설교 전체를 암기할 수는 없지만, 적어도 골격이 되는 대지 문장은 암기하라. 설교 전체의 암기는 어쩌면 단순 암기력이지만, 골격의 암기는 메시지 전달에 너무나 요긴한 메시지 장악력이다. 요컨대, 대지를 암기하고, 암기할 수 있는 대지 문장을 만들고, 그래서 확실하게 암기하라.

9 3대지는 살아있다! – 3대지의 역동성

3대지는 살아있다! 옛것을 부당하게 저평가하는 경우가 더러 있는데, 3대지 설교도 그 중 하나다. 새로움을 추구하는 설교자들, 특히 새로움을 좋아하는 젊은 설교자들 사이에 3대지에 대한 거부감이 감지된다. 이유는 다양하다. 내러티브 설교가 현대적이고 3대지 설교는 낡은 구형이다. 혹은 영상 미디어에 익숙한 현대 청중에게 연역적인 3대지는 효과적이지 못하다 등.

그러나 필자는 3대지가 아직 살아있다고 확신한다. 이론과 씨름하던 학업 중에는 잘 보지 못했는데, 현장에 들어와 실제 설교와 씨름하고 실제 청중과 씨름하는 과정에서 얻은 깨달음이다. 3대지는 여전히 살아있고, 지금도 여전히 비중 있는 설교 형식으로 대우받아야 한다. 어떤 근거로? 3대지로 설명하겠다.

첫째, 명료함 때문이다. 3대지는 명료하다.[41] 새로움이 주는 긴장감이 부족할 수 있지만, 명료함만큼은 다른 어떤 형식에도 뒤지지 않는다. 좋은 설교의 필수 조건 가운데 빼놓을 수 없는 것이 명료함이다. 들려야 설교이고, 명료해야 들린다. 설교는 예술이 아니라 메시지 전달이다. 설교자는 아름다움을 추구하는 예술가가 아니라 전달 효율을 사랑하는 메신저다. 새로운 틀이 주는 창조적 전달도 좋지만, 무엇보다 중요한 것은 명료한 전달이다. 타의 추종

---

41) Litfin, *Public Speaking*, 278. 아리스토텔레스 이래 모든 효과적인 커뮤니케이션의 제일 특성은 명료성이라고 말한다.

을 불허하는 명료함으로 인해 3대지는 아직도 살아있고, 살아있어야 한다.

둘째, 3대지는 현대 청중에게도 여전히 효과적이다. 경험에 의하면, 설교 이론가들은 3대지를 옛것이라 여길지 몰라도, 청중은 3대지에 대해 호의적이다. 영화관에서 3대지 형식의 연설이 나오면 관객들이 거부감을 나타낼 것이다. 콘서트장에서 아이돌 가수가 노래는 하지 않고 3대지 형식의 연설을 하면 팬들이 실망감을 나타낼 것이다. 그러나 설교단에서 설교자가 하나님 말씀을 3대지로 전한다 해서 실망하거나 거부감을 나타낼 청중은 많지 않다. 왜? 그들은 설교를 들으러왔기 때문이다. 영화의 감동이나 노래의 감흥이 아니라, 하나님이 나에게 주시는 말씀을 들으러왔다. 분명한 언어로, 설교자를 통해 선포되는 하나님의 명령, 훈계, 위로를 들으러왔다. 일부 현대 설교학자들에게는 몰라도, 적어도 많은 현대 청중들에게 3대지는 옛것이 아니라 단지 명료한 것이다.

셋째, 3대지의 역동성 때문이다. 3대지는 하나로 고정된 틀이 아니라, 생명체처럼 꿈틀거리는 역동성을 품은 틀이다. 3대지의 탈을 쓴 수많은 파생구조들이 가능하고, 무엇보다 바로 그런 의미에서 3대지는 살아있다! 대지들 사이의 관계를 기준으로 이름을 붙여보면, 대등의 3대지, 점층의 3대지, 6하 원칙의 3대지, 원리와 실천의 3대지, 실천과 약속의 3대지, 설명의 3대지, 증명의 3대지, 적용의 3대지 등이다(필자의 소망 가운데 하나는 3대지의 역동성을, 실제 설교를 예로 들면서, 이론화하는 것이다). 3대지의 그늘 아래 다양한 역동성을 품은 무수히 많은 메시지가 마련될 수 있다. 3대지는 바닥이 드러난 레드 오션이 아니라, 아직도 손때 묻지 않은 무궁무진한 가능성을 열어두고 있는 블루 오션이다.

3대지가 그토록 오랜 세월 설교자들에게 사랑을 받아온 데는 그만한 이유가 있다. 전통은 함부로 버리는 게 아니다. 전통이 그렇게 전통이 될 수 있었던 데는 그만한 이유가 있기 때문이다. 그 이유는 아직도 유효하며, 그래서 3대지는 여전히 살아있다!

10 반전이 청중의 마음을 연다 – 기승전결

반전은 효과적인 전달을 위한 매우 요긴한 요소다. 메시지 전달에서 물 흐르듯 자연스러움도 요긴하지만, 한 번 흐름을 꺾어주는 반전의 요긴함도 오랜 세월 확인되고 증명된 커뮤니케이션의 진실이다.

설교학적인 반전은 스릴러 영화의 반전보다는 보색효과에 가깝다. 노란색 바탕에 검은색을 대비하여 색의 선명성을 높여주는 보색효과 말이다. 예상치 못한 배신 혹은 예기치 못한 승리의 반전은 영화나 소설에서 유용하게 활용될 수 있다. 그러나 설교는 이미 알고 있는 진리를 선포하는 것이다. 매주 주의 말씀을 듣는 청중이 아닌가. 그래서 설교의 반전 기법은 청중의 예상을 깨기 위해서가 아니라, 낯익은 진리를 좀 더 선명하게 전하기 위한 보색 조처다(물론 예화 안에서는 영화적인 반전이 유용하게 사용될 수 있다).

반전이 있는 설교를 추구할 때 우선적으로 고려할 구도는 기승전결이다. 기승전결의 내러티브 플롯이 주는 간결한 반전이 메시지의 흡입력을 높인다. 승부처는 승에서 전으로 이어지는 반전이다. 기와 승은 반전을 위한 사전 예비 작업이다. 기가 소개한 메시지를 승은 누적하거나 혹은 강화한다. 그리고 전-단계의 반전이 이어진다. 반전과 더불어 중심 주제가 선포되고, 반전이 일으키는 힘으로 그 주제가 청중의 가슴 깊이 새겨진다. 예를 들어, 열왕기하 5:15-27의 게하시의 유혹 본문을 토대로 다음과 같은 설교 구성이 가능하다.[42]

> 기: 유혹은 그림자 친구다(유혹은 때와 장소를 가리지 않는다. 나아만 장군을 치유한 영광스러운 엘리사의 기적 이면에도 게하시를 향한 유혹의 손길이 다가왔다).
> 승: 유혹은 달콤한 초청이다(유혹은 때로 탄탄대로다. 전에 없던 지혜와 전략도 떠오르고, 일도 술술 풀려서 마치 하나님이 예비하신 길인 듯하다).
> 전: 그러나 유혹은 나병이다(유혹이 주는 아름다움 이면에는 치명적인 독소가 있다. 게하시에게 다가온 유혹은 겉으로는 달콤했으나 속은 저주의 나병이었다).

---

[42] 「그 말씀」 2011년 10월호, 필자의 글 '게하시의 유혹'을 일부 수정하였다.

結: 나병을 뿌리치듯 유혹을 뿌리치라.

기(유혹을 회피해야 함을 알지만, 때와 장소를 가리지 않는 유혹)와 승(집요한 덫으로 다가오는 유혹)을 거치면서 유사한 메시지가 누적 내지는 강화된다. 여기서 반전을 이루는 전-단계가 문을 열고, '유혹은 나병이다.' 기와 승의 기류를 어둔 그늘로 삼아 밝은 진실의 본 메시지가 선포된다. 기와 승의 어둠을 보색으로 삼아 전 단계의 본 메시지를 선명하게 제시하는 것이다. 이 힘을 살리면서 유혹을 뿌리치라는 결단으로 마무리하면, 반전이 있는 설교 구도가 완성된다.

기승전결 구도에서, 기와 승의 메시지가 청중의 공감을 충분히 확보해야 함을 기억하라. 반전은 공감 위에서만 가능하다. 보색효과는 보는 이가 배경색을 충분히 내면화했을 때만 가능하다. 전-단계에 제시되는 메시지의 파워는 기와 승에서 얻은 청중의 공감에 비례한다. 예화 혹은 경험을 담담하게 진술함으로써 청중의 공감을 충분히 확보한 다음, 그 다음에 전-단계로 반전이 이루어질 때 좀 더 큰 효과를 거둘 수 있다.

기승전결은 전통적인 대지 형식과 현대적인 내러티브 형식의 절충으로 볼 수 있다. 내러티브 플롯을 좇아가면서도, 각 단계를 대지 형식으로 채우는 방식이다. 베드로의 일생은 마태복음 26장에서 예수님을 부인한 후, 극적인 회개를 중심으로 다음과 같이 구성할 수 있다. 일인칭 내러티브 기법을 가미하면서도, 전통적인 대지 형식을 기승전결의 구도 안에 담았다.

제목: '내 이름은 베드로….'

기: 당당한 신앙고백이 있어서, 내 이름은 베드로(마 26:35의 자신감 넘치는 베드로의 호기, 마 16:16 포함)….

승: 나락으로 떨어지는 무너짐의 세계를 알기에, 내 이름은 베드로(어린 여종과 사람들 앞에서 예수님을 세 번씩이나 부인하다)….

전: 그러나 끝이 아니다. 회개의 눈물을 알기에, 내 이름은 베드로(마 26:75)….

결: 나를 일으키시는 주님이 있어서, 내 이름은 베드로(다시 부르셔서 제자로 파송하시는 예수님)….

메시지의 중심은 회개다. 단도직입으로 회개를 촉구하기보다, 기와 승-단계에서 자신감 있게 호기를 부리다 결국 부끄러운 나락으로 떨어지는 베드로의 모습을 먼저 보여준 뒤, 그 배경 위에 회개를 촉구할 때 좀 더 선명하고 현실적인 회개의 촉구가 가능하다. 여기서도 역시 기와 승-단계에서 충분한 청중의 공감을 얻은 상태에서 전과 결의 메시지가 선포되어야 한다. 공감이 없는 상태에서의 반전은, 설교자에게는 반전일지 몰라도 청중에게는 무의미한 메시지의 공회전이다.

11 준거 구조를 결정하라

준거 구조를 선택하고 활용하라.[43] 준거 구조란, 한 설교자가 가장 자주, 혹은 압도적으로 많이 사용하는 설교 구조를 말한다. 설교 구조의 잦은 변화는 신선함을 통해 설교 효율을 높일 수 있지만, 낯설기 때문에 청중을 피로하게 만들 수도 있다. 매주 새로운 메시지가 선포되어야 하는데, 메시지와 더불어 틀까지 변화무쌍하면 청중에게 큰 부담이 될 수 있다. 오직 하나의 구조만을 고집하는 것도 과하지만, 너무 잦은 변화 역시 지혜롭지 못하다.

매주 새로운 형식의 설교를 시도하기보다, 한 가지 구조를 준거 구조로 삼아 꾸준히 높은 빈도로 사용하라. 그것도 청중을 위한 배려다. 예를 들어, 3대지를 준거 구조로 삼아 80-90퍼센트의 빈도로 사용하고, 나머지 한두 번 정도만 기승전결을 비롯한 새로운 틀을 활용할 수 있다. 혹은 설교자의 판단에 따라 원포인트 형식을 준거 구조로 삼아 80-90퍼센트의 빈도로 사용하고, 연역형 3대지를 비롯한 고전적인 형식은 간헐적으로 활용할 수도 있다.

새로움은 언제나 양날의 칼이다. 일인칭 내러티브, 실제 대화형 설교, 실물 설교, 심지어 무언극 설교에 이르기까지 다양한 형식들

---

43) 준거 구조를 선택하는 기준은 무엇보다 설교자 자신이다. 설교자 본인에게 잘 어울리는 구조를 택할 것을 구한다. 구조를 넘어 전체적인 설교 스타일에서도 준거 스타일이 있을 수 있다. 캔트 앤더슨은 다섯 가지 스타일로 대표적인 설교자를 구별하여 소개한다. Kenton C. Anderson, *Choosing to Preach*, 『설교자의 선택』, 이웅조 옮김 (서울: 성서유니온, 2008)

을 시도하고 있다. 매우 고무적인 일이다. 그러나 새로운 틀이 메시지를 신선하게 다듬기도 하지만, 자칫 메시지 전달을 방해하는 걸림돌이 될 수도 있음을 기억하라. 새로운 형식을 향해 청중의 마음이 받아들일 준비가 되었는지 점검하고, 또한 설교자 자신의 역량이 준비되었는지 점검하고, 무엇보다 전해야 할 메시지에 적합한지 냉정하게 판단하라.

설교자는 예술가가 아니라 메신저다. 설교자의 의무는 새로운 형식의 창출이 아니라 하나님 말씀을 효과적으로 청중에게 전하는 것이다. 설교자는 새로운 틀을 전하도록 부름받은 사람이 아니라, 오히려 익숙한 메시지를 새롭게 전하도록 부름받은 사람이다. 설교자가 기대해야 할 청중의 반응은, 설교자의 창조성에 대한 감탄이 아니라, 주신 메시지를 향한 결단이다. 익숙한 틀 안에 신선한 메시지, 거기에 아주 가끔 새로운 틀, 이것이 청중을 위한 배려이며, 동시에 설교의 효율을 높이는 지혜다.

3장

충성된 예화와 이미지

예화를 사용하라 – Why not?
힘만 센 야생마보다 길들여진 나귀가 좋다
예화에 초점과 절정을 부여하라 – 예화의 각색
눈물을 머금고 그 예화를 버리라
세련되게 들어가고 미련 없이 나오라 – 입출구 전략
과유불급(過猶不及) – '주제넘은' 예화를 주의하라
예화만 기억하는 청중을 나무라지 마라
설교가 끝나면 청중을 예화의 세계로 돌려보내라
예기치 않은 부산물에 주의하라 – 고상한 예화
예화가 떠오르지 않을 때
예화 활용 5단계

이제는 충성된 예화다. 바르고 힘센 설교를 향한 세 번째 걸음이다. 예화에게 구할 것은 메시지에 대한 충성이다. 이미지와 그림 언어를 포함한 모든 예화는 메시지를 섬기는 종이며, 종에게 구할 것은 주인을 향한 충성이다. 설교 전체의 주제를 섬기는 예화가 가능하고, 하나의 대지를 섬기는 예화, 심지어 대지 안에 있는 작은 소지를 섬기는 예화도 가능하다. 어느 경우든, 각 예화는 주인을 향한 충성스러운 종이 되어야 한다.

예화의 충성은 메시지를 명확하게 드러내는 것이다. 적절한 밝기로 주인인 메시지를 가장 선명하게 드러내는 예화가 좋은 예화, 즉 충성된 예화다. 메시지를 드러내지 못할 정도로 밋밋해서도 안 되지만, 신부보다 예쁜 들러리마냥 예화가 메시지보다 더 돋보여서도 곤란하다. 예화는 스스로를 드러내는 것이 아니라, 메시지를 드러내는 사명을 받은 종이다. 예화는 힘이요, 야생마다. 설교자가 길들이고 다스려야 한다. 길들이지 않은 야생마가 재앙이 될 수 있듯이, 길들이지 않은 예화는 설교를 망칠 수 있다. 바르고 힘센 설교를 위한 예화 사용의 원칙과 퇴고 원리를 점검하자.

1 예화를 사용하라 – Why not?

예화를 사용하라. 금기시하지 말고 예화를 사용하고, 이미지와 그림 언어를 설교에 적극 활용하라.

더러 예화를 꺼리는 설교자들이 있다. 순수한 말씀을 전하는 설교에 인간적인 불순물이 될 수 있다는 염려 때문이다. 그러나 이 염려는 성경적인 근거가 없는 것이, 성경 안에 이미 수많은 예화와 이미지들이 등장한다. 이야기 예화와 이미지는 불순물이 아니라, 이미 순수한 말씀의 일부다. 브라이언 채플(Bryan Chapell)은 말하길, "예화는 좋은 강해의 보조물이 아니다. 오히려 성경 진리가 지성과 더불어 감정과 의지를 향하여 개진될 수 있도록 하는 강해의 필수적 형식이다."[44]

가장 위대한 설교자 예수님의 설교를 보라. 예화와 그림 언어로 가득하다. 주님의 비유는 그 자체로 하나의 설교이고, 이야기 예화 하나가 설교 전체를 구성한 숫제 예화 설교다. 선지자들은 이야기 예화를 넘어 행동 예화인 실물 설교를 자주 실천하였다. 사도들이 사용하는 언어 역시 선지자들만큼이나 회화적이다. 성경적인 설교

---

[44] Bryan Chapell, *Using Illustrations to Preach with Power* (Wheaton: Crossway Books), 14.

를 원한다면, 성경을 좇아 예화를 사용하라.[45]

예화를 거부하는 것은 커뮤니케이션 원리에도 부합하지 않는다. 예화를 포함한 회화적 언어는 가장 효과적인 커뮤니케이션 도구 가운데 하나다. 이를 창고에 묵혀두는 것은 어리석음이요, 심지어 어거스틴(Augustine)의 용어를 빌면 직무 태만이다. 어거스틴은 수사학을 금기시하여 멀리하는 설교자를 일컬어, 무기를 들지 않고 전장으로 나아가는 무책임한 병사에 빗대어 비난한다.[46] "하나님께서 지으신 모든 것이 선하매 감사함으로 받으면 버릴 것이 없나니"(딤전 4:4). 혹 수사학과 예화 사용을 고민하는 설교자들도 염두에 두신 말씀이 아닐는지.

예화를 사용하라. 설령 백보 양보하여 예화가 순수한 메시지와 대비되는 진흙과 같은 면이 있다 해도, 필요하다면 효과적인 전달을 위해 사용하라. 손과 발에 진흙이 묻는 것을 두려워하는 농부가 어찌 열매를 기대할 수 있겠는가!

회화적 이미지와 예화를 거부하기엔 그 힘이 아깝다. 다윗이 압살롬에게 쫓길 때, 압살롬에겐 두 사람의 책사가 있었다. 아히도벨과 후새. 사실 후새는 다윗의 첩자로서, 다윗의 충신이었다. 결국 압살롬이 아히도벨의 계략을 버리고, 후새의 조언을 따르는 바

---

[45] 위의 책, 41-44. 특히 구약은 지속적으로 명제적 설명과 예화를 결합시키고, 예수님의 설교 역시 이지적 분석의 할라카 전통보다 이야기를 강조하는 학가다 전통을 따랐다고 말한다.

[46] Augustine, "The Use of Rhetoric," in *The Company of Preachers*, ed. Richard Lischer (Grand Rapids: Eerdmans, 2002), 278.

람에 다윗은 위기를 모면할 수 있었다. 워렌 위어스비(Warren W. Wiersbe)는, 압살롬이 아히도벨의 전략보다 후새의 전략을 좇은 것은 전략의 우월성이 아니라 사용 언어의 회화성 때문이었다고 분석한다.[47]

아히도벨의 조언이 논리적이고 합리적이었다면, 후새는 회화적이고 감성적인 그림 언어를 사용하였다. 위어스비는, 압살롬의 마음이 후새에게로 기운 것은 논리적 적합성보다 회화적인 그림 언어에 쉽게 마음을 여는 인간 본성 때문이었다고 추론한다. 다윗이 위기를 모면한 것이 성령 하나님의 간섭이었다면, 성령께서는 후새의 회화적 언어를 사용하셨다. 사람의 마음을 움직이는 힘센 메시지를 원하는가? 그렇다면 회화적 이미지와 예화의 힘을 간과하지 말아야 한다.

예화를 거부하기엔 그 다양한 재주가 너무 아깝다. 예화는 팔방미인이다. 설명, 증명, 그리고 적용. 설교에 있어 빠질 수 없는 주요한 요소들인데, 예화는 이 세 가지 기능을 모두 수행할 수 있으며, 때로는 동시에 수행할 수도 있다. 예화는 추상적이고 모호한 개념을 구체적인 그림 언어로 설명함으로써 청중이 이해하도록 돕는다. 예화 자체가 논리적 증거는 될 수 없지만, 심리적으로 청중을 설득하여 증명의 효과를 내기도 한다. 하나의 진리가 구체적인 삶 속에서 어떻게 실천되고 적용될 수 있는지 보여주는 가장 효과적인 방

---

[47] Warren W. Wiersbe, *Preaching and Teaching with Imagination* (Grand Rapids: Baker, 1994), 33-39.

법 역시 예화다. 다양한 능력의 보고다.

더불어 예화는 자칫 메마르기 쉬운 설교 메시지에 촉촉한 쉼터가 되기도 하고, 경직된 청중의 마음을 열어젖히는 공감의 장도 마련한다.[48] 무엇보다 예화는 재미있다. "자네도 해봐. 재밌어." 빨간불에 횡단보도를 건너던 중년신사가 내뱉은 말이다. 재미 앞에 교통규칙도, 신사의 체면도 벗어던졌다. 그냥 재미가 아니다. 사람을 홀리는 대단한 재미다. 물론 재미있는 설교가 좋은 설교는 아니지만, 사람 마음이 재미있는 설교에 끌리는 것도 부인할 수 없는 사실이다. 설교는 하나님 말씀을 전하지만, 사람을 향해 전한다. 좋은 설교를 추구하되, 재미있는 설교를 포기하거나 꺼려서는 안 된다.

Why not? 예화는 이래저래 많은 유익을 줄 수 있기 때문이다. 마다할 이유가 없다. 커뮤니케이션의 재주꾼인 이미지와 예화를 사용하라. 적극 활용하라.

2 힘만 센 야생마보다 길들여진 나귀가 좋다

예화는 전하려는 메시지를 '정확하게 그리고 정밀하게' 섬겨야 한다. 다시 말해, 전하려는 메시지의 초점과 예화의 초점이 정밀하게 조율되어야 한다. 좋은 예화는 뭉클하고 감동적인 이야기

---

48) 한진환,『설교의 영광』, 236-241

가 아니다.⁴⁹⁾ 그건 단지 야생마처럼 힘세고 억센 예화에 불과하다. 메시지에 조율되지 않는다면 자칫 재앙이 될 수도 있다. 길들이지 않은 야생마보다, 길들여진 나귀가 더 요긴하다. 조금 덜 감동적일지언정, 메시지를 정확하게 섬기는 예화가 좋은 예화다.

 예화를 다듬으라. 예화를 길들여라. 야생마를 길들이듯, 원석을 가공하듯 예화를 각색하라. 사실을 왜곡하라는 말이 아니다. 전하려는 메시지에 정확하고 정밀하게 조율되도록 다듬으라는 말이다. 각색 없이 예화를 사용하는 것은, 광산에서 캐낸 원석을 다듬지도 않은 채 반지로 끼는 것과 같다. 물론 많은 예화들이 이미 다듬어진 상태이기에, 따로 각색하지 않아도 훌륭하게 설교 메시지를 섬기기도 한다. 그러나 미세한 차이가 설교 효율을 심각하게 훼손할 수 있음을 명심하고, 사용할 때마다 주의하여 다듬으라.

 예화를 다듬는 방법 역시 퇴고의 대원칙대로 수정하거나 제외하는 두 가지 방법이다. 대장장이가 무쇠를 다듬듯이 벼리거나, 아니면 버리기다. 메시지에 조율되도록 예화를 다듬고 각색하되, 도무지 조율되지 않는다면 그땐 버리는 수밖에 없다. 다듬을 때는 정밀하게, 버릴 때는 냉정하게.

---

49) Chapell, *Using Illustration to Preach with Power*, 52. 생생한 삶의 이야기, 즉 예화를 동원하는 것은 재미를 위한 타협이 아니라 커뮤니케이션의 본질이라고 말한다.

3 예화에 초점과 절정을 부여하라 – 예화의 각색

예화 다듬기 혹은 각색의 방법으로는 다음 세 가지를 생각할 수 있다. '불필요한 부분 줄이기', '절정 단계에 메시지 초점 맞추기', 그리고 '중심 단어 일치시키기.'

우선, '불필요한 부분 줄이기'를 살펴보자. 전하려는 메시지와 상관없는 부분은 제거하는 것이 좋다. 예를 들어, '믿음으로 승리하라'는 메시지를 전하기 위해 다윗이 골리앗을 물리친 장면을 예화로 든다고 가정하자. 예화가 전해야 할 핵심은 다윗의 믿음이다. 모두가 두려워 움츠러들 때, 다윗 홀로 여호와의 능력을 믿는 믿음으로 싸워 이긴 그 믿음이다. 그런데 여기에 다윗이 형들을 위해 볶은 곡식과 떡, 치즈 덩어리를 가지고 왔다는 사실을 언급할 필요는 없다.

사울이 준 갑옷이 너무 커서 불편한 장면이나, 평소 다윗이 양을 칠 때 사자와 곰과 싸운 이력이 있다는 사실은 굳이 소개할 필요가 없다. 예화의 배경이나 출처를 꼼꼼하게 설명하는 친절도, 과할 경우에는 자칫 메시지의 긴장과 흐름을 깨트릴 수 있다. 예화의 불필요한 부분을 먼저 제거하라.

둘째, '절정 단계에 메시지 초점 맞추기'다. 이야기 예화인 경우 대체로 기승전결의 내러티브 구조를 따르게 된다. 이때 절정부, 즉 '전-', 혹은 '결-단계'에 전하려는 메시지의 초점을 배치하는 것이 좋다. 기와 승은 대조구, 혹은 배경부로서 일종의 예비 단계다. 반전 단계의 메시지를 좀 더 선명하게 부각시키기 위해 청중의 마음을 준비시키는 단계다. 예비 단계에 초점을 배치하면 예화의 효력은 반감된다. 이야기 플롯이 절정에 이르렀을 때에 핵심 메시지가 제시되어야 한다. 그러니 절정, 혹은 위기 단계를 마련하고 거기에 핵심 메시지를 배치하라.[50]

셋째, '중심 단어 일치시키기'다. 골리앗 앞에서 다윗이 보여준 신앙의 덕목을 무엇이라 불러야 할까? 믿음, 용기, 하나님 백성의 자존심, 아니면 평소에 갈고 닦은 솜씨. 다양한 표현이 가능하겠지만, 전하려는 메시지가 믿음이라면 믿음이라는 단어를 중심으로 일관되게 이야기를 재구성해야 한다.

> 이스라엘에 수많은 병사들이 있었지만, 믿음의 사람이 없었습니다. 무예가 출중한 병사도 있었고, 용맹이 뛰어난 군인도 있었습니다. 그러나 믿음의 사람은 없었습니다. 심지어 사울 왕조차도 두려움에 떨고 있었습니다. 오직 한 사람, 믿음의 사람이 있었으니 다윗. 아직 소년티를 벗지 못한 앳된 군인이었지만, 그의 마음엔 여호와 하나님을 향한 믿음이 있었고, 그 믿음으로 나가서, 마침내 믿음으로 승리하였습니다.

---

50) 위의 책, 116-117. 채플은 '좋은 예화는 반드시 위기 단계가 있게 마련'이라면서, 청중을 이끌어 놀라움과 슬픔의 낭떠러지, 혹은 분노와 혼란, 혹은 두려움과 발견의 가장자리에 세우지 못한다면, 메시지의 초점은 사라진다고 경고한다.

일관되게 믿음이라는 단어를 사용할 때, 메시지를 부각시키는 예화의 사명이 좀 더 효과적으로 수행된다.

4 눈물을 머금고 그 예화를 버리라

때로 눈물을 머금고 좋은 예화를 버려야 할 때도 있다. 설교자의 냉정함이 필요한 대목이다. 각색으로 다스릴 수 있는 예화가 있는가 하면, 그렇지 않은 예화도 있다. 아무리 다듬고 각색해도 길들여지지 않는 예화가 있다. 미세하지만 메시지가 요구하는 각도와 예화 사이에 근본적인 차이가 있는 경우다. 이럴 경우에는 과감히 버려야 한다.[51] 좋은 예화일수록 버려야 하고, 감동적인 예화일수록 매몰차게 버려야 한다. 눈물을 머금고 그 예화를 버리라. 그 예화를 버리지 못하면, 설교 전체를 버릴 수 있다. 메시지에 조율되지 않는 예화는 설교의 독이니, 미련 없이 버리라.

미리 말하건대, 예화를 버리는 것은 정말 어렵다. 예화 찾기가 얼마나 어려운가. 그러나 버리기에 비하면 차라리 쉽다. 좋은 예화를 만난 기쁨은 가뭄에 단비, 아니면 오래된 양복 속에서 찾은 두둑한 비상금 같다. 그래서 버리기가 어렵다. 어떻게 얻은 예화인데 버릴 수 있단 말인가. 그러나 버려야 한다. 아무리 감동적이고 뭉클한

---

51) York, *Preaching with Bold Assurance*, 140.

예화여도, 메시지에 맞지 않는다면 버려야 한다.

아프리카 어느 원주민의 원숭이 사냥법을 들은 적이 있을 것이다. 입구가 좁은 항아리 안에 향이 좋은 바나나 하나를 넣어서 나무에 매달면 준비 끝. 지나가던 원숭이가 바나나 향을 맡고 항아리에 손을 넣어 바나나를 움켜쥔다. 그런데 입구가 좁아서 맨손으로는 들어가지만, 주먹을 쥔 채로는 손이 빠져나오질 않는다. 손을 펴서 바나나를 놓으면 빠져나갈 수 있다. 그러나 그러기엔 가슴 뭉클한 예화의 향기처럼, 바나나 향이 너무 향긋하다. 놓아버리기엔 너무 먹음직스럽다.

저기 사냥꾼이 원숭이를 잡으러 온다. 선택의 순간이 다가온다. 바나나를 놓으면 살 수 있고, 놓지 않으면 잡힌다. 어떻게 할까? 바나나를 잡을 것인가, 내 목숨을 살릴 것인가? 사람 지능에 버금간다는 밀림의 재간둥이도, 열에 아홉은 바나나를 놓치기 싫어서 사냥꾼에게 잡힌다고 한다.

그런데 함부로 원숭이를 나무라지 마라. 탐스러운 예화를 놓치기 싫어서 설교를 망치는, 어리석은 '원숭이' 설교자가 너무나 많다. 오늘 예화는 너무 감동적이다. 그냥 읽기만 해도 가슴이 뭉클해진다. 길이도 적당하다. 그런데 오직 한 가지 단점은 전하려는 메시지와 조금, 아주 조금 차이가 난다. 물론 여기서 '아주 조금'은 설교자의 미련이다. 각색을 하니 그 차이가 훨씬 더 좁혀지는 듯하다. 여기서 '훨씬 더' 역시 탐스러운 예화를 향한 설교자의 미련일 뿐, 실제는 워낙에 근본적인 차이여서 전혀 좁혀지지 않는다. 쓸까, 아니면 버릴까…. 고민이 깊어진다. 어떻게 해야 할까? 버려야 한다. 과감하게 버려야 한다.

좋은 예화일수록 버려야 하고, 감동적인 예화일수록 독하게 마음먹고 내려놓아야 한다. 눈물을 머금고 버려야 한다. 자꾸 말이 길어지는 것은, 필자에게 뼈아픈 기억이 있기 때문이다. 그 예화가 섬길 수 있는 주제가 따로 있을 것이다. 그날을 기약하고 오늘은 그 예화를 놓아주어야 한다. "만일 예화가 너의 설교를 실족하게 하거든 찍어내버리라. 감동적인 예화 하나가 없어지고 온 설교가 설교의 지옥에 던져지지 않는 것이 유익하니라."

5 세련되게 들어가고 미련 없이 나오라 – 입출구 전략

예화는 메시지의 흐름을 끊고 들어오는 손님이다. 최대한 흐름을 흩트리지 않으면서 메시지를 효과적으로 섬겨야 한다. 예화가 들어오고 나가는 입출구 전략의 기본은, 세련되게 들어오고 미련 없이 나가면 된다.

우선 입구 전략을 살펴보자. 예화로 들어가는 가장 기본적인 방법은 그냥 들어가는 것이다. 거두절미하고 그냥 예화를 시작하면 된다. "이 교훈에 대해 예화 하나를 소개하겠습니다" 따위의 말로 시작하는 것보다는 그냥 단도직입으로 시작하는 것이 훨씬 담백하고 세련미가 있다. 잠시 짤막한 침묵 뒤에 시작하는 것도 방법이다. 침묵 가운데 청중은 무언가 새로운 것이 시작됨을 감지할 수 있다.

예화의 시작을 알리는 말 신호를 주고 싶다면, 시간, 공간, 상황 등에 대한 간략한 소개 문장을 사용할 수 있다. 시간 소개로는 "20여 년 전 일입니다." 공간 소개로는 "경상도 어느 시골에서 있었던 일입니다." 상황에 관한 소개라면 "눈이 많이 내리던 날이었습니다."[52] 이 신호 문장에 너무 공을 들일 필요는 없다. "임금님 행차요" 하는 식의 시끌벅적한 입장은 예화가 취할 태도가 아니다. 최대한 담백하게 들어오면 된다.

이어서 출구 전략을 살펴보자. 예화에서 메시지로 복귀하는 데도 전략이 필요하다. 우선은 시기다. 타이밍이 중요하다. 언제 메시지로 복귀할 것인가? 원칙을 말하면, 예화의 절정에서 메시지로 복귀하라. 예화로 채택된 이야기 자체는 절정을 넘어 결말, 심지어 정리 단계도 품고 있을 것이다. 보통 이야기가 그렇다. 그러나 예화로 사용된다면, 끝까지 가서는 안 된다. 절정의 단계에서 끊어야 한다. 예화를 끊고 메시지로 복귀하라. 예화는 자신을 뽐내는 주체가 아니라, 메시지를 섬기는 종이다. 청중이 들어야 할 것은 예화가 아니라 예화가 전하는 메시지다. 절정의 순간에 메시지로 복귀하라.

믿음의 승리를 선포하기 위해 다윗 이야기를 예화로 든다면, 물맷돌이 골리앗을 쓰러뜨리는 순간, 지체 없이 본 메시지로 복귀하

---

[52] Chapell, *Using Illustrations to Preach with Power*, 95-101. 예화를 시작하는 법, 혹은 예화의 시작을 알리는 여러 가지 방법을 소개한다.

라. 그 뒤에 이스라엘 군이 블레셋 군을 추격하는 장면은 사족이다. 더욱이 사울 왕이, 다윗이 누구의 아들인지 묻는 장면까지 이어진다면 예화의 효력은 반감되고 만다. 절정의 순간에 미련 없이 메시지로 복귀하라.

다음으로 방법이다. 적절한 요약-연결 문장을 사용하라.[53] 예화를 '요약'하면서 동시에 메시지로 '연결'하는 문장을 일컬어 요약-연결 문장이라 부르기로 하자. 예화는 대체로 이야기, 혹은 이미지로서 메시지가 고정되기보다 개방되어 있다. 설교자가 분명한 언어로 예화의 메시지를 지정해주는 것이 좋다. 가능하면 명제형 문장으로 예화를 통해 의도된 메시지를 명시해주어야 한다. 입구는 넓어도 출구는 좁은 깔때기처럼, 예화의 힘을 특정한 메시지로 모아주는 요약-연결 문장이 있을 때, 메시지를 섬기는 종으로 예화의 사명이 충실하게 수행된다.

> 어느 추운 겨울날, 한 자동차 정비사가 차를 몰고 출근하는데, 그만 차가 고장이 났습니다. 비록 정비사지만 그 원인을 찾기가 쉽지 않았습니다. 한참 고생하고 있는데, 지나던 차 한 대가 멈춰 서더니 한 신사가 내렸습니다. "도와드릴까요?" 정비사는 속으로 '일류 정비사인 나도 못 고치는데 당신이 어떻게….' 그런데 신사는 몇 군데를 만져보더니 정비사를 보고는 "시동을 걸어보세요"라고 말하

---

53) 위의 책, 125. 채플은 'grouping statement'(짝짓기 진술)라고 부른다.

는 것이었습니다. 못 이기는 척 시동을 거는데, 이런! 시동이 걸리는 겁니다. 정비사는 놀란 눈으로 "댁은 누구십니까?"라고 물었습니다. 대답 대신 신사는 명함을 내밀었는데, 이름이 '헨리 포드', 그 자동차를 만든 사람이었습니다(이곳이 이야기의 절정이고, 여기서 지체 없이 메시지로 복귀한다-필자 해설).

성도 여러분, 인생의 해답은 창조주께 있습니다. 고장 난 자동차의 해답이, 만든 사람 헨리 포드에게 있었듯이, 고장 난 인생의 해법은 창조주께 있습니다. 요한복음이 예수님을 창조주로 소개합니다. 그분께 우리 인생의 해답이 있다고 선언합니다.[54]

여기서 요약-연결 문장은 '고장 난 자동차의 해답이 만든 사람에게 있었듯이, 고장 난 인생의 해법은 창조주께 있습니다'라는 문장이다. 예화를 요약하면서 동시에 본 메시지로 연결하는 문장이다. 바로 앞 '인생의 해답은 창조주께 있습니다'는 예화가 섬겨야 할 본 메시지다. 메시지를 정확하게 지시하지만, 이 문장만으로는 예화에서 본 메시지의 연결이 매끄럽지 못하다. 요약하면서 연결하는 요약-연결 문장을 추가하는 것이 좀 더 명확하고 부드럽다. '-처럼, -듯이, -마찬가지로' 등 예화를 요약하면서 메시지로 연결하는 요약-연결문장을 잘 활용하라.

예화는 메시지를 위해 존재한다. 적절한 시기에, 적절한 방식으

---

54) 이동원, 『당신은 예수님의 VIP』, 151. 필자가 약간 수정을 가함.

로 예화는 쇠하고 메시지는 흥해야 한다. 절정의 순간에, 적절한 요약-연결 문장으로 본 메시지를 힘껏 섬기고, 예화는 홀연히 설교의 뒤안길로 사라지면 된다.

6 과유불급(過猶不及) – '주제넘은' 예화를 주의하라

예화는 과유불급이다. 예화의 양이 적당해야 하고, 더불어 예화의 강도와 감동 역시 적절해야 한다.

우선 예화의 개수가 적당해야 한다. 적당수의 예화는 메시지 전달의 효율을 높여주지만, 지나치게 많은 예화는 오히려 설교에 부담을 준다. 예화는 메시지의 되새김질 기능을 한다. 즉 선포한 메시지를 그림 언어와 체험 언어로 소화할 수 있는 기회를 제공한다. 또한 다소간 쉬어갈 수 있는 여유 공간의 기능도 한다. 둘 다 좋은 설교를 위해 빠질 수 없는 요긴한 요소다. 그러나 좋은 약도 과용하면 해가 되듯 되새김질도, 쉬는 여유도 지나치면 해가 된다. 메시지의 진행이 예화로 인해 자꾸 끊어지게 되고, 예화 자체의 힘이 설교의 전열을 흩어놓을 수 있다. 그러니 예화를 사용하되, 적당량을 사용하라.

개별 예화의 길이도 적당해야 한다. 너무 길어서 본 메시지보다 예화가 터줏대감 노릇을 하게 해서는 곤란하다. 본 경기보다 오픈 게임이 더 긴 격이다. 과도하게 긴 예화는 메시지를 위축시킨다. 물론 반대 경우로 예화가 너무 짧은 것도 바람직하지 않다. 되새김질을 통한 소화와 망중한의 여유 기능을 감안하면, 어느 정도의 시간은 필수적이다. 물론 경우에 따라서는 한두 마디로 종결되는 이미지 예화도 가능하지만, 이야기 예화라면 어느 정도의 양은 배려하는 것이 좋다.

더불어 예화의 강도 또한 과유불급임을 기억하라. 무조건 감동적인 예화가 좋은 예화는 아니다. 전하는 메시지의 감동 이상으로 지나치게 눈물샘을 자극하는 예화는, 어쩌면 이름 그대로 '주제넘은' 예화다. 메시지의 감동을 좇아가지 못하는 예화도 문제지만, 메시지의 감동을 넘어 지나치게 뭉클한 예화도 설교의 걸림돌이 될 수 있다. 메시지의 감동만큼, 꼭 그만큼 혹은 조금만 더 감동적인 예화가 좋다. 아프리카 밀림에서 순교한 선교사의 이야기보다, 때로는 평범한 그리스도인 직장인의 고민이 더 좋은 예화다. 전하려는 메시지의 방향성과 더불어, 그 감동의 깊이까지 메시지에 적절하게 조율된 예화를 추구하라.

7 예화만 기억하는 청중을 나무라지 마라

예화만 기억하는 청중을 나무라지 마라. 섭섭하게 생각지도 말라. 오히려 고마운 일이 아닌가. 분주한 삶 속에서도 설교 전부를 잊어먹지 않고 예화라도 기억해주다니 얼마나 고마운 일인가.

나무랄 일이 아니라, 오히려 설교자가 잡아야 할 기회다. 그 예화에 설교의 핵심 메시지를 담으라.[55] 그러면 그 예화와 더불어 설교 메시지가 고스란히 기억될 게 아닌가!

신문을 펼칠 때 아무래도 먼저 눈이 가는 곳은 만화다. 한 컷짜리 만평, 그리고 네 컷짜리 만화. 그런데 그 어떤 신문사도 만화를 좋아하는 독자를 나무라지 않는다. 사설은 읽지 않고 만화만 보는 독자를 꾸짖는 신문사는 세상 어디에도 없다. 오히려 사설의 핵심 내용을 만화에 담는다.[56] 신문사의 지혜를 배우라. 예화만 기억하는 청중을 탓하기보다, 전하려는 메시지를 정밀하게 배달하는 예화를 만들라. 그것이 지혜다.

그래서 예수님이 비유로 설교하셨는지도 모른다. 예수님의 비유는 신문으로 치면 사설보다는 한 컷짜리 만평, 네 컷짜리 만화에 가깝다. 그저 복잡하지도 않고, 짤막한 한 편의 이야기다. 주님은 그 안에 당신이 전하고자 하신 핵심 메시지를 담으셨다. 그렇게 비유는 매개가 되어 청중의 뇌리에 메시지를 새겼고, 설교가 끝나고

---

55) 류응렬, 『열 단계 설교 작성법에 따른 에베소서 설교하기』(서울: 두란노아카데미, 2010), 256.

56) Mark Galli and Craig Brian Larson, *Preaching that Connects: Using Journalistic Techniques to Add Impact* (Grand Rapids: Zondervan, 1994), 16 이하. 책의 부제가 말하듯, 이 책은 커뮤니케이션을 업으로 하는 저널리스트들의 비결을 설교자들에게 일러주며 설교적 활용을 조언한다. 그 첫 장의 제목이 '네 청중을 네 몸과 같이 사랑하라'이다. 청중 사랑의 첫걸음으로 저자들은 설교자들에게 '자기부인'을 요구한다. 설교자의 자기부인이라 함은, 설교자 자신이 좋아하는 형식이 아니라 청중에게 맞는 형식을 추구하고, 심지어 주제에 쏟는 관심보다 더 많은 관심을 청중에게 쏟는 것이다.

도 청중의 기억 속에 오래오래 자리 잡았다.

설교자 중에는 태생적으로 이야기를 싫어하는 성향이 있을 수 있다. 그러나 청중이 이야기를 좋아한다면 천성을 거슬러서라도 설교에 이야기를 포함시켜야 한다.[57] 청중이 영어밖에 하지 못한다면 설교자가 영어를 배워야 할 것 아닌가. 문자도 없는 곳에 가서, 젊음을 바쳐서 글자를 만들고 성경을 번역하는 귀한 사역자들이 있다. 내가 싫다고 청중이 좋아하는 이야기를 마다해서야 되겠는가. 예화만 기억하는 청중을 나무라기보다, 차라리 그 시간에 핵심 메시지를 품은 예화를 찾고 그런 예화를 만들라. 각색하고 퇴고하여 주님의 비유처럼 보석 같은 예화를 만들어라.

8 설교가 끝나면 청중을 예화의 세계로 돌려보내라

설교가 끝나면 청중을 예화의 세계로 돌려보내라. 무슨 말인가? 청중의 일상에서 예화를 구하라는 말이다. 예화집보다 청중이 숨 쉬고 살아가는 일상에서 예화를 구하라.[58] 그러면 예배를 마

---

57) Litfin, *Public Speaking*, 38-41. 청중 분석(audience analysis)에 기초한 청중 적응(audience adaptation)은 커뮤니케이션의 기본이다. 리트핀은 특히 말로 전달하는 연사라면, 청중의 듣기 과정을 면밀하게 분석하라고 조언한다.

58) Chapell, *Using Illustrations to Preach with Power*, 92. 채플은 설교자들에게 예화를 수동적으로 기다리기보다 가까운 삶의 현장에서 적극적으로 발굴할 것을 추천하면서, 예화를 만드는 작업을 "추출(isolation)과 연결(association)" 두 과정으로 요약

치고 일상으로 돌아온 청중이 다시 한 번 설교를 만나게 된다. 바로 그 일상 속 예화를 통해서 말이다.

그래서 위대한 설교자 예수님의 비유는 주로 일상 이야기다. 곡식 틈에 피어난 가라지, 양을 잃어버린 목자, 으슥한 길을 가다가 강도를 만난 사람, 잔치에 초대받았지만 사정상 오지 않는 손님. 당장 오늘이라도 있을 법한 일상사들이다. 가라지 비유를 들은 다음 날 들판에 나가보니 내 밭에도 가라지가 있었다. 탕자의 비유를 듣고 오는데, 사춘기 아들이 속을 썩인다. 잃어버린 양 비유를 듣고 오는데, 이웃이 찾아와서 혹시 돌아다니는 양 한 마리를 본 적이 없는지 묻는다.

주님의 설교가 다시 떠오를 수밖에 없다. 인터넷, 설교 CD도 없던 시절, 주님의 설교는 그렇게 일상의 에피소드를 통해 다시 듣기가 이루어졌다. 주님의 비유에 유난히 돈이 자주 등장하는 것도 그 이유이리라. 달란트, 므나, 드라크마, 데나리온. 예수님이 돈을 좋아해서가 아니라, 청중이 돈과 함께 살고 있기 때문이다.

남의 청중보다 내 청중의 일상을 관찰하라. 시골 교회면 시골 생활, 도시 교회면 도시 생활이 예화의 보고다. 물론 도시에 살아도 시골의 아련한 추억이 있는 성도들이라면 어린 시절 개구리 잡던 시골 에피소드가 좋은 예화가 될 것이다. 남의 청중보다 내 청중의 일상을 연구하고 거기서 예화를 발굴하라. 그들이 읽는 신문

한다. 추출은 삶에서 이야기 혹은 이미지를 떼어내는 것이요, 연결은 그것을 구체적인 메시지와 결탁시키는 작업이다.

에서, 그들이 배운 교과서에서, 그들의 삶의 현장에서 찾은 예화가 좋다.

그래서 예수님의 비유는 시골 생활을 배경으로 한 것이 많은 반면, 사도 바울은 도시 배경의 이미지를 자주 사용한다. 고린도전서 9:26의 "그러므로 나는 달음질하기를 향방 없는 것 같이 아니하고 싸우기를 허공을 치는 것 같이 아니하며"는 당시 도시에서 이루어지던 올림픽 경기를 연상시키고, 에베소서 6장의 전신갑주는 어느 도시에나 거리를 활보하던 로마 병사의 모습을 떠올린다. 어디서 온 차이일까? 청중의 차이다. 주로 한적한 시골 들판에서 사역하신 예수님은 그들에게 맞추어 씨 뿌리는 비유를 택하셨고, 도시 선교를 실천한 바울은 도시인들에게 익숙한 이미지를 동원하였다.

성경을 연구하듯, 청중의 일상을 연구하라.[59] 본문을 연구하여 메시지를 획득하듯, 청중의 일상을 관찰하여 예화를 얻으라. 예화는 예화집보다 청중집에서, 그들의 일상으로 예화를 들고, 설교가 끝나면 청중을 예화의 세계로 돌려보내라.

---

59) Stephen Brown, "Illustrating the Sermon," in *Handbook of Contemporary Preaching*, ed. Michael Duduit (Nashville: Broadman & Holman, 1992), 200. "대다수 예화는 삶에서 나오고, 그래서 삶에 대한 민감함에서 나온다."

9 예기치 않은 부산물에 주의하라 – 고상한 예화

예기치 않은 부산물에 주의하라. 내가 의도한 예화의 의미만 전달되는 것이 아니다. 내가 전혀 의도치 않은 어두운 예화의 그늘도 함께 전달될 수 있다. 외국에서 들여온 좋은 목재에 해로운 벌레가 함께 묻어오듯, 효력 있는 예화에 엉뚱한 부산물이 낄 수 있다.

혐오감을 주는 예화는 되도록 삼가라. 아무리 메시지에 정밀하게 조율된 예화라 하더라도, 청중에게 혐오감을 줄 수 있다면 신중을 기해야 한다. 예를 들어, 저급한 예화, 너무 잔인한 묘사도 주의를 요한다. 설교는 거룩한 하나님의 말씀이다. 명료한 메시지가 중요하지만, 품위 있는 메시지여야 한다. 명료성과 품위라는 두 마리 토끼를 다 잡는 것이 어려운 일이지만, 잡아야 한다. 그게 원칙이다.

그러나 때로 선택의 기로에 설 수밖에 없는데, 가끔은 품위를 위해서 명료성을 조금 포기하는 것도 지혜다. "내가 그리스도를 위하여 모든 것을 잃어버리고 배설물로 여김은…"(빌 3:8). 여기서 꼭 배설물을 그 단어로 고칠 필요는 없지 않겠는가. 물론 반대 경우도 있다. 명료한 메시지를 위해, 잠시 품위를 접고 거친 언어를 사용해야 할 때도 있다. 지혜롭게 판단하라.

설교의 불편한 진실이 있으니, 예화와 함께 설교자 자신이 전달된다.[60] 예화는 메시지를 보여주는 창이면서 동시에 설교자 자신

---

60) Phillips Brooks, *On Preaching* (New York: The Seabury Press, 1877), 『설교론 특강』, 서문강 옮김(서울: 크리스챤다이제스트, 1995), 18. 필립스 브룩스가 주창

을 보여주는 창이다. 설교자의 독서생활과 지식수준이 예화를 통해 노출된다. 설교자가 즐겨보는 TV 프로그램, 설교자의 성장 배경과 친구들, 때로는 설교자의 가정생활과 소소한 취미생활까지 생각지도 못한 많은 정보가 은연중에 예화를 통해 청중에게 전달된다. 불필요한 오해를 사지 않도록 주의가 필요하다.

설교자는 설교를 위한 중요한 도구로서, 선한 의미의 이미지 관리가 필요하다. 물론 진정성 없는 위선적 관리는 역효과를 일으킬 수 있지만, 괜한 오해를 사서 설교에 해를 끼치는 것은 용납될 수 없다. 예화와 함께 무엇이 전해지고 있는지 점검하고 조치하라. 부산물의 역효과가 너무 크다고 판단되면, 좋은 예화라 할지라도 아예 버리는 것이 지혜다.

10 예화가 떠오르지 않을 때

예화가 떠오르지 않을 때가 있다. 설교학의 처방은 다음과 같다. '전해야 할 메시지를 명확하게 다듬으라.' 예화가 떠오르지 않는 이유는, 모아놓은 예화가 부족해서라기보다 전해야 할 메시지

한 대로, 설교는 '인격을 통한 진리의 전달'(Truth through personality)이다. 설교의 인격성은 설교의 기회이면서 동시에 거침돌이다. 청중에 대한 적응과 메시지의 구체성을 가미할 수 있는 선기능을 할 수 있지만, 설교자 역시 죄인이기에 설교를 해치는 역기능의 가능성도 크다. 그런 의미에서 많은 이들이 설교 준비의 첫걸음으로 설교자 자신의 준비를 강조한다.

를 명확하게 결정하지 못했기 때문이다. 더 선명하게 다듬지 못했기 때문이다. 늘 그런 것은 아니지만, 자주 그렇다. 예화가 떠오르지 않는다면, 메시지를 더 명확하게 다듬으라.

메시지가 명확하게 결정되면 세상은 예화로 가득하다.[61] 우리 일상이 예화의 보고이고, 적어도 수십 년 이상 살아온 우리 삶이 예화의 창고다. 무엇보다 평생 읽어온 성경이 수많은 이야기와 이미지로 가득한 최고의 예화집이다. 전해야 할 메시지를 먼저 결정하라. 예화를 사용해서 어떤 메시지를 전하고 싶은지 먼저 명확하게 결정하라. 설교자의 요구가 명확하게 결정되면, 일상이 예화를 내어줄 것이고,[62] 설교자의 인생 경험이 적합한 이미지를 내어줄 것이고, 무엇보다 성경이 예화를 내어줄 것이다.

한 시인이 시인 후보생들에게 조언한 말은 적절한 예화를 찾는 설교자가 들어도 좋을 듯하다.

> 시인은 기발한 아이디어를 가진 '발명가'가 아니라 '발견자'에 가깝

---

[61] McDill, *The 12 Essential Skills for Great Preaching*, 205. 그는 소위 '자연의 실재와 영적 실재의 연속성'(continuity of natural and spiritual reality)을 믿는다. 다시 말해, 성경이 전하는 모든 영적인 진리의 유비가 우리 일상에 존재한다고 말한다. 인간의 지혜로 하나님의 존재와 영적 진리를 완전히 알 수 있다는 것은 아니지만, 적어도 하나님이 우리에게 전하려는 메시지는 이 땅의 언어와 이미지로 의미 있게 표현되고 이해될 수 있다는 말이다.

[62] Chapell, *Using Illustrations to Preach with Power*, 169. 예화를 확보하는 여러 방법들 중에, 채플은 설교를 일찍 준비할 것을 조언한다. 몇 주 후 설교할 주제가 미리 결정되어 있다면, 그 주제는 주변에 일어나는 일과 읽은 책 안에서 적합한 예화를 끌어모으는 '강력한 자석'이 될 것이다.

다고 생각하라. 이미 세상에 와 있으나 그 누구도 거들떠보지 않은 것들이 있다. 보물인데 보물로 보지 못하고, 숨겨진 의미가 있는데도 의미를 찾지 못한 것들이 있다. 그것을 찾아내는 사람이 시인이다. 그러므로 당신은 머리를 굴리며 하늘에서 뚝 떨어지는 시를 기다리지 마라. 발명하려고 하지 말고 발견하도록 애써라. 살갗을 보지 말고 뼛속을 보라.[63]

예화가 보이지 않을 때는 메시지를 더 명확하게 다듬으라.[64] 이를 뒤집어보면 요긴한 설교학적 원리를 하나 얻을 수 있다. 예화는 메시지 결정의 표지다. 큰 주제든, 혹은 작은 대지든 전해야 할 메시지를 명확하게 결정했는지 확인할 수 있는 표지 가운데 하나가 예화다. 예화를 떠올릴 수 없다면, 아직 메시지를 명확하게 결정한 것이 아니다. 최소한 그럴 가능성이 크다.

예화는 메시지 결정의 푸른 신호등이다. 주유소에서 만나는 기계식 세차장의 푸른 신호등은 세차가 완료되었다는 표시다. 마찬가지로 예화의 불이 켜지면 비로소 메시지 다듬기가 일단락된 것이다. 추상적인 메시지를 구체적인 현실의 모습, 즉 예화로 풀어놓

---

63) 안도현, 『가슴으로도 쓰고 손끝으로도 써라』, 210.
64) 물론 두터운 예화 자료들을 확보하고 있다면 설교자에게 큰 도움이 될 것이다. 주제별로 묶여있다면 더 효과적이다. 마크 갈리는 예화 유형을 범주화하는 것만으로도 도움이 된다고 조언한다. 실제 이야기, 픽션, 일반적 경험, 이미지, 인용, 사건 등으로 범주화하고 예화를 탐색하면 막연한 예화 탐색보다 효과적이다. Mark Galli and Craig Brian Larson, *Preaching that Connects*, 57-70.

을 수 있을 때, 비로소 메시지를 명확하게 결정한 것이다. 가다머(Hans-Georg Gadamer)의 말을 빌면, 적용이 곧 해석의 표지다.[65] 평범한 일상 속에서 예화가 떠오르지 않는다면, 아직 전하려는 메시지를 분명하게 결정하지 못한 것인지도 모른다.

예화가 떠오르지 않을 때는 메시지를 더 확실하게 결정하고, 더 선명하게 다듬으라.

11 예화 활용 5단계

지금까지 설명된 내용을 기초로, 예화의 선택과 활용 원칙을 간단히 정리하면 다음과 같다.

단계 1. 전하려는 메시지를 분명하게 결정하라.
 : 메시지가 예화의 주인이 되어야 한다. 예화가 잘 떠오르지 않

---

65) Daniel M. Doriani, *Putting the Truth to Work*, 『적용: 성경과 삶의 통합을 말하다』, 정옥배 옮김 (서울: 성서유니온, 2009), 35-45. "우리가 어떤 본문을 적용할 수 없다면, 그것을 완전히 이해한 것이 아니다." 예화의 주요 기능 가운데 하나가 적용이다. 예화는 브라이언 채플이 말하듯이 삶의 이야기로서 본질적으로 적용적 언어다. 예화를 떠올릴 수 있다는 것은 이미 적용의 단계에 들어간 것이며, 가다머의 표현을 기대면, 예화를 떠올릴 수 있을 때 비로소 본문의 의미를 해석했다고 할 수 있다. 참고로, 도리아니는 해석과 적용의 관계가 일종의 변증법적인 변화를 겪어왔다고 말한다. '해석 다음에 적용'이라는 전통적인 견해가 정이라면, '적용이 곧 의미'라는 스텐달과 존 프레임의 견해를 반으로 보고, 해석과 적용 사이에 완전한 분리는 어렵지만 적어도 구분선이 존재한다는 가다머의 견해를 합으로 정리한다.

는 가장 큰 이유는 전하려는 메시지를 분명하게 결정하지 않았기 때문이다.

단계 2. 획득된 예화를 각색할지, 아니면 버릴지 결정하라.
: 각색이 가능한 예화는 각색을 거쳐서 사용하되, 그렇지 못한 예화는 과감하게 버리라. 메시지에 조율되지 않은 예화라면, 감동적인 예화일수록 설교에 큰 걸림돌이다.

단계 3. 중심 단어를 중심으로 이야기를 재구성하라.
: 전하려는 메시지에는 중심 단어가 있게 마련이다. 그 단어를 중심으로 예화를 재구성하라. 중심 단어가 말 그대로 예화의 중심에 설 수 있도록 반복하고 강조하라.

단계 4. 메시지의 핵심을 절정에 배치하라.
: 이야기 예화의 경우 대체로 기승전결의 내러티브 구조를 띠게 되는데, 메시지의 핵심을 전, 혹은 결-단계, 즉 절정에 배치하라. 청중의 마음이 데워져있을 때 메시지를 던져야 한다.

단계 5. 적절한 출구 전략을 통해 메시지로 복귀하라.
: 예화는 메시지 본류로 돌아가기 위해 잠시 둘러간 길이었다. 적절한 타이밍에 적절한 방법으로 복귀하라. 예화가 절정에 이른 순간, 적절한 요약-연결 문장을 다리 삼아 미련 없이 본 메

시지로 복귀하라.

4장

잘 들리는 말

덩어리 단위로 말하라
완급을 조절하고, 때로 침묵하라
단도직입(單刀直入)으로 말하라
칸트를 버리고 주님을 따르라 – 간결한 문장
반복(repeat)을 두려워 말고 재진술(restate)을 귀찮아 마라
꾸미지 말되 숨기지도 마라 – 진실한 열정
오늘은 선지자, 내일은 제사장 – 메시지에 어울리는 톤을 찾으라
주제, 혹은 대지 문장이 진술될 때
흥얼흥얼 말로 준비하는 설교
적당한 밀도의 말로 설교를 반죽하라
아멘으로 화답할 기회를 주라 – Why not?

　　말과 글은 다르다.[66] 하늘만큼 땅만큼은 아니라 해도, 구동 방식과 운용 원리에 있어 둘 사이에는 근본적인 차이가 있다. 그래서 종이에 썼을 땐 좋은 글이, 입에 담길 때는 어색한 말이 되기도 한다. 그래서 글재주가 좋은 사람이, 말은 잘 못하는 경우도 허다하다. 말과 글이 다르기 때문이다.

　　설교는 글이 아니라 말이다.[67] 설교자에겐 너무나 중요한 말이니 다시 한 번, 설교는 글이 아니라 말이다. 설교자는 글 쓰는 작가가 아니라 말하는 연사이며, 설교를 듣는 청중 역시 글 읽는 독자가 아니라 말을 듣는 청중이다. 그래서 좋은 설교는 글의 원리가 아

---

66) York, *Preaching with Bold Assurance*, 214. 말은 글에 비해 훨씬 다양한 채널을 동원한다는 점에서 더 강력한 커뮤니케이션이라고 말한다. 글이 흑백 TV라면, 말은 고화질 컬러 TV에 비유한다.

67) D. Martin Lloyd-Jones, *Preaching and Preachers*, 『설교와 설교자』, 정근두 옮김 (서울: 복있는사람, 2005), 90. 조지 윗필드에게 설교집 출판을 제의한 사람의 일화를 소개한다. 윗필드가 대답하기를, "글쎄요, 원하신다면 반대할 생각은 없습니다만, 종이 위에 천둥과 번개를 옮겨놓을 수는 없을 텐데요." 설교문이 글이라면 설교는 말과 행위다.

니라 말의 원리를 좇아야 하며, 좋은 설교자는 글을 잘 쓰는 사람보다 말을 잘하는 사람이다. 물론 말만 잘하는 설교자를 좋은 설교자라고 할 수 없지만, 적어도 말도 못하는 사람이 좋은 설교자가 되기는 어렵다.

바르고 힘센 설교를 향한 네 번째 발걸음은 '잘 들리는 말'이다. 표현 그대로 잘 들리는 말, 혹은 또렷하게 이해되는 말, 나아가 귀를 통하여 청중의 가슴에 새겨지는 말이다. 바르고 힘센 설교를 위하여 빠질 수 없는 조건이다.

설교 이전에 설교문이 있다. 말 이전에 글이 있다. 여기에 딜레마가 있다. 설교문은 설교를 돕는 유용한 도구지만, 자칫 걸림돌이 될 수도 있다. 글로 작성된 설교문이기에, 글의 운용 원리가 설교에 반영될 가능성이 크다. 설교는 글이 아니라 말인데 말이다. 지혜로운 설교자라면 이 사실을 기억하고 또 기억할 것이다. 설교를 준비하고 실천함에 있어서, 좋은 글보다 좋은 말을 추구하는 사람, 잘 읽히는 글보다는 잘 들리는 말을 실천하는 사람, 그 사람이 지혜로운 설교자다.

잘 들리는 말을 향한 여정을 시작하자.

1 덩어리 단위로 말하라

잘 들리는 말, 그 첫 걸음은 말 덩어리화다. 하나의 메시지를 위해 서로 협력적으로 연결된 일련의 문장들을 일컬어 '말 덩어리'라고 부르자. 개별 문장이 아니라 말 덩어리로 설교를 준비하라. 글에서는 '문단'에 해당한다. 효과적인 전달을 원한다면 말을 덩어리화하라. 글도 그렇지만, 말은 더욱 덩어리화가 필요하다. 단에 오를 때 백 개의 낱알 문장이 아니라, 열 문장씩 열 묶음의 말 덩어리를 가지고 올라가라. 그래서 청중에게 한 문장씩 던지지 말고, 한 덩어리씩 던지라.

글을 읽는 독자는 한 문장을 완전히 이해하고 다음 문장으로 넘어갈 수 있다. 이해되지 않은 문장이 있으면 잠시 멈춰서서 읽고 또 읽고, 이해될 때까지 얼마든지 다시 읽을 수 있다. 그러나 귀로 듣는 청중은 그럴 재간이 없다. 앞 문장을 완전히 소화하지도 못했는데, 이미 말하는 이가 다음 문장으로 넘어간다. 심지어 잠깐 딴 생각을 하느라 그 문장을 통째로 놓쳐버렸는데도, 아랑곳하지 않고 설교자는 다음 말로 넘어가버린다. 손을 들고 "목사님, 못 들었는데요, 다시 한 번 말씀해주실래요?" 마음은 원이로되 현실은 불가능이다.

이 실패를 어떻게 만회할 수 있을까? 청중의 실패를 만회할 수 있도록 설교자가 도울 방법은 없을까? 덩어리화다. 즉 말의 덩어리 짓기다. 덩어리 지은 말은 청중에게 다시 들을 기회를 제공한다. 한 덩어리 내의 문장들은 서로 연관 있고, 때로는 반복이기 때문에 다시 듣기의 효과를 낸다. 놓쳐버린 문장이 있다 해도 뒤에 좇아오는 관련 문장을 통해 금방 따라잡는다. 이렇게 덩어리화는 청중의 메시지 수신 효율을 근본적으로 향상시킨다.

말의 덩어리화를 어떻게 실천할 것인가? 우선은 외형적 덩어리화 혹은 형식적인 덩어리화다. 덩어리의 시작과 끝을 청중으로 하여금 외형적으로 체감할 수 있게 하라는 말이다. 글이라면 문단 나누기로 가능하다. 들여쓰기를 통해 문단의 시작을 알리고, 문단이 끝날 때는 여백을 비워두면 된다. 말의 경우는 어떻게 실천할 것인가? 초보적인 방법으로 잠시 침묵하면 된다. 인쇄된 글의 여백처럼, 침묵으로 말에 여백을 담으면 된다. 그러나 잦은 침묵은 때로 어색한 분위기를 연출할 수 있다.

대안으로는 표지 문장을 사용할 수 있다. 예를 들어, 대지를 시작할 때는 "첫째, 하나님은 우리를…" 대지가 시작된다는 표지 문장이다. 설교의 세련미를 위해서 이런 표현을 지양해야 한다고 생각하는 이들도 있다. 그러나 여러 번 반복하지만, 설교자가 추구해야 할 것은 세련미보다 명료성이고, 예술성보다 전달 효율이다. 조금 덜 세련되고 잘 들리는 말이, 세련미 넘치지만 모호한 말보다 낫다.

적절한 구획은 등산객에게도 이롭고, 청중에게도 요긴하다. 경사로에 적절한 계단을 만들어주듯이, 등산로 중턱에 표지판을 세워 어느 정도 왔다는 걸 알려주듯이, 적절한 구획 언어로 메시지의 덩어리를 표시해주는 것이 청중에 대한 배려일 것이다. 마칠 때는 "…하심을 믿으시기 바랍니다", 혹은 "…하시기를 주님의 이름으로 축원합니다"의 표지 문장으로, 청중을 향한 권면과 더불어 하나의 대지가 일단락되었음을 알려준다. 이 문장을 통해 청중은 한 덩어리가 마무리되는 알 수 있다.

외형적, 형식적 덩어리보다 더 근본적인 것은 내용상의 덩어리화다. 실제 내용이 하나의 메시지로 수렴되어 체감적인 덩어리를 이루어야 한다. 앞서 제2장 구조와 대지 편에서 하나의 대지를 채울 수 있는 요소로, 설명, 증명, 적용, 그리고 예화를 제시하였는데, 이 모든 요소들이 최소한 하나의 덩어리를 형성할 수 있다. 설명 덩어리, 증명 덩어리, 적용 덩어리, 그리고 예화 덩어리.

각 덩어리를 할당된 내용으로 채우라. 설명 덩어리라면, 서너 문장을 동원해서 해당 대지를 설명하라. 증명 덩어리라면, 역시 일정 분량으로 그 대지를 증명하라. 해당 덩어리에 불필요한 말이라면, 제외하거나, 적합한 다른 덩어리로 이동시키라. 그래서 내용상으로 각 덩어리가 고유한 메시지를 보유하고, 고유한 덩어리를 구성하도록 하라. 그래서 청중으로 하여금 파편적인 문장을 듣게 하지 말고, 덩어리 지어진 말 묶음을 듣게 하라.

덩어리화는 듣는 청중에게는 물론, 말하는 설교자에게도 매우 요긴하다. 원고 숙지를 위한 최고의 길이 덩어리화다. 간혹 원고 숙지가 제대로 되지 않은 설교를 만나게 된다. 말이 부자연스럽고, 자꾸만 눈이 원고에 기웃거린다. 이유가 뭘까? 원고를 몇 번 더 읽었어야 하는데, 그러지 못했기 때문일까? 물론 그럴 수도 있다. 그러나 더 근본적인 이유는 말의 파편화다. 다시 말해 덩어리화 부족이다. 원고 숙지의 첩경은 말의 덩어리화다.

낱알 문장은 제아무리 천재라도 수십 문장, 넉넉잡고 백 문장이 넘어가면 암기하기가 버겁다. 그런데 백 문장을 열 문장짜리 열 묶음으로 덩어리화하면, 설교자가 소화하고 다루기에 훨씬 용이하다. 사실상 암기해야 할 문장이 십분의 일로 줄어든다. 입에서 원고와 다른 몇 문장이 튀어나온들 무슨 상관이랴. 덩어리의 흐름을 잘 따라가면 된다. 요컨대 원고를 충분히 숙지한 매끄러운 설교를 원한다면, 우선적으로 해야 할 일이 메시지의 덩어리화다.

2 완급을 조절하고, 때로 침묵하라

글이 흉내 낼 수 없는 말의 기술이 있으니, 완급 조절이다. 느릴 완에 쌩하고 속도감 넘치는 급이다. 때론 천천히, 때로는 빠르게. 완급 조절은 훌륭한 투수의 조건만은 아니다. 모든 말-커뮤니케이터에게 요긴한 기술이고, 당연히 설교자에게도 매우 요긴한 도구다.

완급 조절이 주는 효과가 있다면, 우선 청중의 주의를 사로잡을 수 있다. 지루함이 아쉬운 설교를 낳는다면, 그 배후에는 단조로움이 있다. 단조로움이 지루함을 낳고, 지루함은 졸음을 낳고, 졸음은 때로 설교 자체를 불가능하게 만든다. 완급 조절은 목소리의 크기 조절과 더불어, 설교의 단조로움을 물리치는 근본 처방이다. 때로는 토끼처럼, 때로는 거북이처럼, 때로는 숨죽이고 웅크린 호랑이처럼, 때로는 먹잇감을 향해 내달리는 호랑이처럼. 완급 조절에 능한 호랑이가 먹잇감을 낚아채듯, 완급 조절에 능한 설교자가 청중의 주의를 사로잡는다.

완급 조절이 주는 또 하나의 효과는 강조다.[68] 강조해야 할 부분이 있을 때, 글은 두꺼운 글씨로 표시한다. 밑줄을 긋거나 이탤릭체로 강조하기도 한다. 그런데 말의 경우에는 어떻게 강조할 것인가? 소리를 크게 할 수도 있지만, 완급 조절이 매우 효과적이다. 강조할 부분을 천천히 말하라. 심지어 한 자 한 자 힘주어 말하라. "강조할 부분이 있으십니까? 천…천…히…, 천천히 말하십시오."

물론 급으로, 다시 말해 빠른 속도로 강조할 수도 있다. 강조의 요체는 청중의 주의 집중이다. 대체로 주제, 혹은 대지가 소개되는 부분은 완으로 천천히 소개하고, 대지를 정리하면서 실천을 촉구하는 부분에서는 급으로 빠르게 강조 선포하는 것이 효과적이다. 핵심은 변화다. 완에서 급으로, 혹은 급에서 완으로.

때로는 잠시 침묵하라. 느릴 완의 극단적 형태가 침묵이다. 적절한 침묵은 고함보다 더 큰 소리를 발한다. 부모님의 호통보다 일언반구 없는 침묵 앞에 더 긴장했던 기억이 있다. 침묵은 경찰의 호

---

[68] Galli and Larson, *Preaching that Connects*, 117-118. "모든 것을 강조하는 것은 아무것도 강조하지 않는 것과 같다." 청중의 주의를 사로잡는 것은 변화이다. 글 쓰는 작가들이 정적인 묘사와 정의, 동적인 이야기 전개 등을 적절히 조화하면서 변화를 준다면, 말하는 연사들은 목소리의 고저와 장단, 열정과 유머의 적절한 배합을 통해 훨씬 더 다양한 변화를 줄 수 있다.

루라기만큼이나 사람들의 주의를 끌어모은다. "일곱째 인을 떼실 때에 하늘이 반 시간쯤 고요하더니"(계 8:1). 침묵은 커뮤니케이션에 있어서, 가장 효율적인 시간 낭비다. 메시지 전달은 잠시 멈추지만, 강력한 전달을 위해 청중의 마음을 긴장 가운데 준비하는 시간이다. 물론 원고를 제대로 숙지하지 못하여 할 말을 잃은 침묵이라면 곤란하지만.

선포한 메시지의 내면화를 위해 침묵을 사용할 수도 있다. 짤막한 도전 질문, "성도 여러분, 마음을 열어 이 말씀을 받으시겠습니까?" 혹은 "주님의 십자가 은혜가 여러분에게 풍성하게 임하시기를 바랍니다." 이후에 잠시 침묵한다면 청중에게는 메시지를 음미하고 내면화하는 기회가 될 것이다. 그러나 기억할 것은 과유불급이다. 잦은 침묵은 메시지의 흐름을 끊어놓을 수 있다. 더불어 부자연스러운 작위적 침묵은 오히려 역효과를 불러일으킬 수 있다. 언어를 포함하여 모든 설교 행위는 자연스러움과 진정성이 생명이다.

3 단도직입(單刀直入)으로 말하라

단도직입적으로 말하라. 말할 때는 뜸을 들이지 마라. 해야 할 말이 있다면 하라. 분위기를 잡는 데 너무 많은 공을 들이지 말고, 타이밍을 잡느라 시간을 허비하지도 마라. 해야 할 말이 있다면 하라.

"전도자가 이르되 헛되고 헛되며 헛되고 헛되니 모든 것이 헛되도다." 뜸을 들이지 않는다. "인생이 무엇일까? 우리의 인생을 무엇이라고 비유할까요? 장밋빛? 아니면 여행길?" 전도자는 이런 식으로 뜸을 들이지 않는다. 그냥 말한다. 헛되고 헛된 것이 인생입니다. "태초에 하나님이 천지를 창조하시니라." 이 얼마나 거대한 문장인가! 그런데 그냥 들어온다. 준비도 안 된 상태에서 강력한 펀치가 들어온다. 거두절미, 단도직입.

20세기 가장 영향력 있는 기독교 서적 가운데 하나로 꼽히는 릭 워렌(Rick Warren)의 『목적이 이끄는 삶』(The purpose driven life)을 보라. 장마다 하나의 단도직입 문장으로 시작된다. 제1장 '삶의 주인은 나 자신이 아니다', 제2장 '우리는 우연의 산물이 아니다', 제3장 '모든 사람은 무엇인가에 이끌려 살고 있다', 제4장 '보이는 것만이 전부가 아니다.' 장제목이 둘러가지 않는다. 뜸을 들이지도 않는다. 단도직입으로 말한다. 이 책의 성공 요인은 무엇보다 그 메시지의 귀함에 있다. 그러나 글의 형식도 꽤 큰 몫을 한다. 핵심 메시지가 단도직입으로 진술된다. 그래서 파워가 있다.

표현에 있어서도 담백하게 단도직입으로 말하라. 때로 우회적인 표현이 필요한 경우가 있다. 아리송한 말이 효과적인 경우도 있다. 그러나 원칙은 있는 그대로 말하는 것이다. 간명한 문장으로 해야 할 말을 선명하게 말하라. 우회적인 표현과 귀납형의 은폐가 주는 세련미가 요긴할 때가 있다. 설교에도 일정 부분 그런 세련미가 필요하다. 그러나 세련된 설교보다는 선명한 설교가 좋은 설교라고 확신한다. 왜냐? 우리는 예술가가 아니라 메신저이기 때문이다. 전해야 할 말이 있다면 있는 그대로 말하라. 거칠게 말하라는 말이 아니다. 거슬리게 말하라는 것은 더더욱 아니다. 예를 갖추되, 고상함을 잃지 않되, 해야 할 말을 하라.

너무 증명하려 들지도 말고 너무 논리적이 되려고 하지도 마라.[69] 어느 날 설교가 끝난 뒤 어느 장로님이 조언하셨다.

"목사님, 오늘 설교는 분명해서 참 좋았습니다. 앞으로도 그렇게 해주세요. 우리 성도들은 목사님이 이야기하시면 뭐든 그냥 믿습니다. 길게 설명 안 해도 됩니다. 그냥 진리의 말씀을 선포해주세요."

이분의 조언을 일반화할 수는 없다. 그 장로님과 다른 생각을 가진 청중도 많이 있을 것이다. 그러나 일평생 신실한 청중으로 살아오신 장로님의 말씀을 흘려들을 수는 없다. 단순한 선포. 일부 설교학자들은 구시대적이라고 치부할지 몰라도, 많은 청중들은 그것을 원하고 있다. 단순한 선포! 주님 주신 말씀이니, 전하라는 말씀이 있으면 그냥 전하라. 단순하게, 그리고 담대하게!

---

[69] 성경적 진리는 논리적으로 증명되기보다 오히려 확신 가운데 선포되어야 한다. 이단은 논리적이다. 유해무 교수가 강의 중에 내린 이단 분석이 필자에게는 적잖이 인상적이었다. 이단 교리들이 대체로 논리성을 추구하는 것은 어쩌면 진리가 아닌 것을 논리로 포장하려는 제 발 저림이다. 복음 진리는 비논리적이지 않지만 때로 이 땅의 논리를 초월하며, 그래서 논리의 틀보다 설교자의 확신과 헌신의 그릇에 담겨야 한다.

4 칸트를 버리고 주님을 따르라 – 간결한 문장

문법적으로 완전한 문장에 집착하지 말고[70] 문법보다 의미에 충실하라. 설교는 글이 아니라 말이기 때문이다. 말과 글의 근본적인 차이 가운데 하나가 바로 이것이다. 글은 문법에 충실한 완전한 문장을 요구하지만, 말은 문법보다 의미 전달에 충실한 표현을 요구한다. 책과 드라마 대본의 차이다. 글로 쓴 책은 언제나 주어와 술어, 그리고 마침표로 끝나는 완결된 문장을 선호하지만, 말을 기록한 드라마 대본은 '…'로 끝나기도 하고, 미처 문장을 마치기 전에 다음 문장으로 넘어가기도 한다. 다시 한 번 설교의 대원칙, 설교는 글이 아니라 말이다.

간결한 단문이 좋다. 한 노교수가 젊은 시절 칸트(Immanuel Kant)의 『순수이성비판』(kritik der reinen Vernunft)을 읽던 추억을 들려준 적이 있다.

"칸트의 문장이 너무 길고, 접속사와 관계사로 워낙 복잡하게 얽혀있어서, 손가락을 사용해서 절이 끊어지는 곳을 표시해가면서 읽었는데, 하나하나 짚어가다 보니 나중에는 열 손가락을 다 사용하고서도 손가락이 모자라, 입에 볼펜이라도 물고 다음 절을 표시하고 싶은 마음에 힘겨워서, 나도 언젠가 철학자가 되면 글을 조금 간

---

[70] Litfin, *Public Speaking*, 275-276. 귀를 위한 설교 작성을 논하면서 구어의 네 가지 특징으로, 직접성(direct), 반복성(repetitive), 인격성(personal)과 더불어 파편성(fragmentary)을 거론한다. 읽는 독자에 비해 듣는 청중은 문법에 어긋나는 표현에 훨씬 더 너그럽다고 말한다.

결하게 써서 내 책을 읽는 후배들에게는 그런 고통을 주지 말아야지 생각했는데, 간사한 것이 사람인지라, 요즘 내 글을 보면 자꾸만 칸트를 닮아가는 듯해서 마음이 무겁습니다."

다 읽었는가? 이런 문장은 곤란하다. 말로 옮길 때는 간결하게 끊어야 한다. "칸트의 문장은 너무 길어요. 접속사, 관계사 천지예요. 손가락으로 절을 구분하며 읽다 보면 열 손가락도 모자라요. 너무 힘들었어요. 안 그래도 어려운 철학, 문장까지 힘들어서야 원. 읽으면서 결심했죠. 나는 저렇게 안 해야지. 나는 간결하게 써야지. 그런데 간사한 것이 인간이라, 요즘 내 글을 보면 꼭 칸트를 보는 듯합니다. 그래서 후배들에게 미안하고 마음이 무거워요."

읽는 독자는 손가락으로 표시할 수 있지만, 듣는 청중에겐 그럴 재간이 없다. 설교자가 끊어줘야 한다. 작성된 설교문의 퇴고 과정에서 빠질 수 없는 작업이 긴 문장을 짧게 자르는 작업이다. 길어서 부담스러운 문장을 적절한 크기로 잘라주라.

문장이 길다고 메시지가 깊은 것은 아니다. 문장이 길다고 청중의 마음 깊이 새겨지는 것은 더더욱 아니다. 윈스턴 처칠(Winston Leonard Spencer Churchill)의 옥스퍼드 연설 'Never, Never, Never Give Up!' 불과 다섯 단어에 불과한 이 짤막한 문장이 그토록 많은 이들의 마음을 울렸다. 짤막했음에도 '불구하고' 사람들의 마음을 울린 게 아니라, 어쩌면 짧았기 '때문에' 울린 것이다. 이 땅에 하나님 나라 사역을 시작하면서 우리 주님이 발하신 일성도 단 세 마디였다. "회개하라, 천국이 가까웠느니라!" 돌아가실 때 하신 말씀은 더 짧은 "다 이루었다!"였다. 헬라어 원문으로는 단 한 단어다! 칸트를 버리고 주님을 따르라.

5 반복(repeat)을 두려워 말고 재진술(restate)을 귀찮아 마라

반복을 두려워 마라, 반복을 두려워 말라. 특히 말하는 사람이라면 반복을 두려워해서는 안 된다. 글에서 반복은 사족이 될 수 있지만, 말에서 반복은 가장 효과적인 전달 방법 가운데 하나다. 반복하라. 반복하라. 필요하면 몇 번이고 반복하라. 물론 지나친 반복은 독이 될 수 있다. 그러나 독(毒)을 두려워하여 적절한 반복이 주는 득(得)을 놓치지는 마라. 반복하라. 강조할 부분을 반복하고, 중요한 부분이 있다면 더욱 반복하라. 반복하건대, 필요하면 얼마든지 반복하라.

더불어 재진술하라. 반복(repeat)과 더불어 말 커뮤니케이션에서 아주 주효한 방법이 재진술(restate)이다.[71] 반복이 같은 말을 그대로 되풀이하는 것이라면, 재진술은 같은 말을 다른 표현을 써서 되새기는 방법이다. "주님은 부활하셨습니다. 우리 주님은 부활하셨습니다." 이것이 반복이다. '주님의 부활'이라는 말이 그대로 반복된다. 반면에, 재진술은 "주님은 부활하셨습니다. 사망 권세를 깨

---

[71] 시편이 흔히 사용하는 평행구 역시 일종의 재진술로 볼 수 있다.

뜨리시고, 무덤 문을 박차시고 우리 주님은 다시 살아나셨습니다." 이 정도면 재진술이라 할 수 있다. '부활'이 '다시 살아남'으로 표현되었고, '사망 권세를 깨뜨림'과 '무덤 문을 박참'이라는 생생한 표현으로 새 옷을 입었다. 의미는 반복되지만, 표현은 새롭다.

반복이 '단순 강조'의 기능을 수행한다면, 재진술은 '좀 더 풍성한 강조', 혹은 '진전이 있는 강조' 기법이다.[72] 재진술의 최대 장점은 강조의 다이내믹을 그대로 유지하면서도, 메시지의 의미를 좀 더 선명하게 풀어준다는 데 있다. "내가 곧 길이요, 진리요, 생명이니"(요 14:6). 여기서 주님은 일종의 재진술 방법을 동원하고 계신다. 길, 진리, 생명, 이 세 단어는 다른 듯, 같은 의미를 전달한다.

재진술 기법을 동원하여, 주님은 하나님과 사람 사이에 당신의 역할 존재를 선명하게 풀이하신다. 의미인즉, "하나님께 이르는 길이 있다면 그것은 바로 나 예수요, 하나님께로 이끄는 진리가 있다면 그것 역시 나 예수요, 하나님의 생명을 공급하는 통로가 있다면 그것은 세상 그 누구도 아닌 바로 나 예수다." 풀이를 위해서 메시지의 템포가 지체되지 않는다. 반복의 다이내믹을 그대로 유지한 채, 주님의 존재는 재진술을 통해 청중의 마음에 좀 더 풍성하게 각인된다. 주님께서 만일 재진술 대신 반복법을 사용하셨다면, 요한복음 14:6은 어쩌면 이렇게 기록되었을 것이다. "나는 길이요, 내가

---

[72] Sunukjian, 『성경적 설교의 초대』, 355-356. 재진술을 '동일한 것을 다른 언어로 이야기하기'라고 정의하며, 반복이 단순 강조라면 재진술은 의미를 좀 더 선명하게 하는 동시에, 강조의 효과를 지닌다고 말한다.

곧 아버지께 이르는 길이요, 내가 곧 아버지께로 통하는 길이니, 나로 말미암지 않고는 아버지께로 올 자가 없느니라." 재진술에 비해 의미의 폭은 다소 좁아지지만, 강조의 힘은 예리하다.

반복도 요긴하고, 재진술도 요긴하다. 설교는 글이 아니라 말이기 때문에 더욱 그러하다. 청중의 주의는 언제든 흐트러질 수 있고, 그것은 곧 메시지 전달의 실패를 의미한다. 적절한 반복이 청중의 실패를 만회할 수 있도록 돕는다. 거기에다 적절한 재진술은 좀 더 선명한 청중의 이해를 돕는다. 이 좋은 도구를 사용하지 않을 이유가 어디 있겠는가![73]

6 꾸미지 말되 숨기지도 마라 – 진실한 열정

메시지 전달 효율에 있어서, 때로는 논리보다 열정이 더 결정적이다. 때로 차가운 진실보다 뜨거운 거짓이 사람의 마음을 움직인다. 청중의 마음을 열고자 하는가? 진리를 전하되, 열정을 담아 전하라. 로이드 존스(Martyn Lloyd-Jones)가 말하는 '불붙은 논

---

73) Galli and Larson, *Preaching that Connects*, 111-112. 반복과 더불어 후렴구의 사용을 추천한다. 예수님은 팔복에서 '…하는 자는 복이 있나니'를 후렴구로 반복하고, 저주의 메시지를 선포하실 때도 '화 있을진저'를 후렴구로 사용하셨다. 마틴 루터 킹의 유명한 연설 'I have a dream' 역시 이 문장을 반복하면서 효과적인 연설을 만들어내고 있다. 후렴구는 일부 반복하고, 일부 재진술 형태로 변형을 주는 혼합형으로 볼 수 있다.

리'가 되게 하라.74) 청중이 듣는 것은 메시지만이 아니다. 설교자가 전하는 메시지와 더불어 설교자를 듣고, 설교자의 논리와 함께 설교자의 열정을 듣는다. 말도 듣지만, 말에 담긴 뜨거움을 듣고, 그 뜨거움이 청중의 마음을 연다. 앞뒤가 들어맞는 논리적인 말이 사람 마음을 여는 열쇠가 되지만, 때로 열정은 아예 그 마음의 문을 허물어버린다. 열정으로 청중의 마음을 열고, 열정으로 청중의 마음에 메시지를 새기라.

진실한 열정을 추구하고, 자연스러운 열정을 추구하라. 아무 열정이나 추구하지 마라. 껍데기뿐인 싸구려 열정, 단지 흥분된 열정, 혹은 연기된 열정, 심지어 훈련된 열정, 그래서 감히 말하건대 거짓 열정도 있다. 그건 열정이 아니라, 기껏해야 심리 조작(manipulation)에 불과하다. 설교자가 추구해야 할 열정은 진실한 열정, 자연스러운 열정이다.

진실한 열정은 어디에서 나올까? 두 가지 원천을 생각할 수 있다. '메시지에 대한 확신', 그리고 '청중을 향한 사랑'이다. 무엇보다 메시지에 대한 설교자의 확신이 열정을 불러일으킨다. 누가 예수 부활을 열정적으로 선포할 수 있는가? 확신 있는 자다. 예수 부활을 확신하는 자가 예수 부활을 열정적으로 설교한다. 예수 부활을 눈으로 본 자라면, 더더욱 열정적으로 전할 수밖에 없다. "나는 원래 열정적이지 못해요." "나는 애초에 조용조용한 성격이에요." 물론

---

74) Lloyd-Jones, 『설교와 설교자』, 151. "설교는 불붙은 신학입니다. 불붙이지 못하는 신학은 결함이 있는 신학이라는 것이 제 주장입니다."

그럴 수도 있다. 그래, 그럴 수도 있다. 그런데 다른 가능성이 있는데, 말씀에 대한 확신이 없기 때문일 수 있다.[75] 조심스럽게 그리고 냉정하게 스스로를 점검하라.

둘째, 진실한 열정의 원천은 청중을 향한 사랑이다.[76] 사랑이 있는 곳에 열정이 있다. "내가 그리스도 안에서 참말을 하고 거짓말을 아니하노라 나에게 큰 근심이 있는 것과 마음에 그치지 않는 고통이 있는 것을 내 양심이 성령 안에서 나와 더불어 증거하노니 나의 형제 곧 골육의 친척을 위하여 내 자신이 저주를 받아 그리스도에게서 끊어질지라도 원하는 바로라"(롬 9:1-3). 바울의 열정은 수사학적인 훈련의 결과가 아니다. 사랑이다. 그의 열정은 사랑의 발로다. 동일한 열정을 모세에게서 만난다. "그러나 이제 그들의 죄를 사하시옵소서 그렇지 아니하시오면 원하건대 주께서 기록하신 책에서 내 이름을 지워 버려 주옵소서"(출 32:32). 내 안에 열정이 부족하다면, 성격이나 스타일 이전에 청중을 향한 사랑을 점검해보자.

물론 열정적인 사람과 열정적이지 않은 사람의 구분이 없지는 않다. 스타일과 성격의 차이가 분명히 존재한다. 그러나 평소에는 너

---

75) 위의 책, 146. "만약 설교자로서 자신에게 맡겨진 영광스러운 진리를 묵상하고도 감격을 느끼지 않는다면, 여러분의 영적 안목에는 분명 결함이 있는 것입니다." 이 확신은 인위적인 세뇌의 결과물이 아니다. 영적인 안목을 가지고 주의 말씀의 비밀을 깨달은 자연스러운 감정이다.

76) 위의 책, 143. 위대한 설교자 로이드 존스의 겸손한 고백이 인상적이다. "제가 무엇보다 고백해야 할 죄가 있다면, 그것은 파토스가 제 사역에 많이 부족했다는 점일 것입니다. 파토스는 부분적으로는 사람에 대한 사랑에서 생겨납니다."

무나 얌전하다가도 축구 이야기만 나오면 돌변하는 남자들이 더러 있다. 다른 사람 앞에서는 시큰둥하다가도 누구 앞에만 서면 가슴이 뜨거워지는 대상이 있다. 설교자의 열정은 성격 이전에 메시지에 대한 확신이고, 스타일 이전에 전하는 대상을 향한 사랑이다. 내 마음이 뜨거워지는 주제와 그렇지 못한 주제의 차이고, 열정이 일어나는 대상과 그렇지 못한 대상의 차이다. 전하는 메시지에 대한 확신이 있는지, 전하는 대상에 대한 사랑이 있는지 점검하라. 그리고 열정 있는 설교자가 되라.

7 오늘은 선지자, 내일은 제사장 – 메시지에 어울리는 톤을 찾으라

메시지에 어울리는 톤이 있다. 단에 오르기 전 그 톤을 장착하라. 메시지가 다르면 톤, 혹은 어조도 달라져야 한다. 군 생활 중에 있었던 일이다. 한 간부의 아들이 나무에서 떨어져 다리를 다쳤던 모양이다. 연락을 받은 부하가 그 간부에게 소식을 전하는데, "김 상사님, 애가 나무에서 떨어져서 다리가 뿌러졌다는대요." 너무나 가볍게 나긋나긋한 목소리로, 심지어 너무나 발랄한 톤으로 전하는 바람에 일순간 분위기가 어색해진 적이 있었다. 잘못된 메시지고, 어이없이 부족한 메시지다. 내용상으로는 잘못이 없지만, 어조가 잘못되었다.

아 다르고 어 다른 것이 말이다. 같은 내용도 표정에 따라 뉘앙스가 달라지는 게 말이다. 설교단에 올라설 때 메시지에 어울리는 어조를 찾으라. 설교자는 전문 성우가 아니고 전문 연기자도 아니지만, 때로 그들에게서도 배워야 한다. 적절한 톤을 찾고 실천하는 노력은, 메신저로서 설교자가 보여야 할 신실성의 일부다.

큰 틀에서 다음 다섯 가지의 톤을 생각할 수 있다. 선지자의 톤, 제사장의 톤, 왕의 톤, 교사의 톤, 그리고 아버지의 톤.[77] 톤, 혹은 어조는 반드시 목소리 색깔이나 성량만을 가리키지 않는다. 그보다는 오히려 설교에 임하는 설교자의 마음가짐이다. 내가 오늘은 선지자가 되리라. 내가 오늘은 나의 사랑하는 청중에게 아버지로 다가가리라. 그 마음이 목소리에 묻어나올 수 있으며, 그것이 설교학이 말하는 톤, 혹은 어조다.

선지자의 톤이라 함은 죄를 지적하고 꾸짖는, 격한 톤을 말한다. 반드시 고함을 질러야 하는 것은 아니다. 잔잔하면서도 격한 꾸지람이 가능하다. 제사장은 위로의 톤을 상징한다. 상처를 싸매고 치유하는 메시지라면, 설교단에 오르기 전에 결심하라. '나는 오늘

---

[77] 설교는 '말하기'(speaking)를 넘어 '행위'(doing)가 되고, 더불어 '되기'(being)의 요소도 있다. 메시지를 말하면서, 청중을 변화시키고, 더불어 청중에게 누군가가 된다는 말이다. 설교자의 행위, 혹은 되기에 관하여 존 스토트는 신약성경의 은유를 기초로, 다섯 가지 설교자상을 제시한다. 청지기, 사자, 증인, 아버지, 종. 설교자가 무엇을 해야 하고, 누가 되어야 하는지를 적절히 요약한다. 참조, John R. W. Stott, *Preacher's Portrait*, 『설교자란 무엇인가』, 채경락 옮김 (서울: IVP, 2010). 이와 더불어 구약 시대의 제사장과 선지자, 그리고 왕의 역할 역시 설교자의 행위와 되기에 관한 귀한 지침이 된다. 설교자의 톤을 이미지화하는 데는 신약 이미지보다 오히려 구약 이미지가 더 선명하다고 판단된다.

위로하는 제사장이 되리라.' 선지자가 반드시 고함을 질러야 하는 것이 아니듯이, 제사장의 톤이 반드시 바람 없는 호수처럼 잔잔할 필요는 없다. 때로는 거친 숨소리의 위로, 심지어 한탄 섞인 위로도 가능하다. 물론 위로할 때는 호수의 잔잔함이 일반적이다. 파격은 희귀한 예외이지, 원칙이 아니다.

왕의 톤은 비전을 제시할 때 적합하다. 선포할 비전으로 설교자의 가슴이 벅차오를 때, 그 벅참으로 메시지를 선포하라. 그것이 왕의 톤이다. 여기에 더하여 찬찬히 가르치는 교사의 톤이 있고, 공감하면서 따뜻하게 교훈하는 아버지의 톤이 적합한 설교도 있을 것이다. 찾고 선택하고 장착하라.

사실 다섯 가지 톤이 많이 중첩되기 때문에 명확하게 구분하기 어려울 수도 있다. 한 설교에 반드시 하나의 톤만 동원할 필요도 없다. 설교의 진전에 따라 톤의 변환이 이루어질 수도 있고 그렇게 되는 것이 효과적이다. 그러나 그럼에도 불구하고 전체 설교의 주된 기조를 결정하고 실천할 의의는 충분하다. 요컨대, 메시지의 내용과 더불어 목소리의 톤, 혹은 어조에 관심을 기울이라.

8 주제, 혹은 대지 문장이 진술될 때

주제, 혹은 대지가 진술될 때는 설교자의 정성이 필요한 순간이다. 가장 말다운 말, 그래서 가장 효과적인 말이 필요할 때가 있다면, 바로 이 순간이다.

설교문의 모든 문장이 중요하지만, 더 중요한 문장이 있다. 우리 몸의 모든 부분이 중요하지만, 심장과 뇌가 더 중요하다. 설교에서 가장 중요한 문장을 고른다면 역시 주제 문장이요, 다음으로는 대지 문장이다. 반드시 전달되어야 하고, 가장 또렷하게 전달되어야 한다.[78] 설교 시간 내내 청중이 설교에 집중할 수 있다면 좋겠지만, 간혹 불가피하게 주의가 흐트러지는 경우가 있다. 그러나 적어도 이 순간만큼은 청중의 주의를 반드시 설교자의 입으로 모아야 한다. 주제 혹은 대지가 진술될 때.

어떻게 할 것인가? 우선은 완급 조절이다. 천천히 말하는 게 좋다. 심지어 어색하지 않다면 한 글자씩 또박또박 말할 수도 있다. "설교에서 가장 중요한 문장은 주. 제. 문. 장입니다." 속도가 갑자기 느려질 때, 그 변화가 일종의 심리적인 호각 소리가 되어서 청중의 주의를 모을 수 있다. 그리고 한 글자씩 또박또박 말하기 때문에 청중이 놓치려야 놓칠 수가 없다. 핵심단어라면 그렇게 해서라도 한 번 청중의 마음에 각인시켜줄 필요가 있다.

주제, 혹은 대지가 진술될 때, 동원 가능한 또 하나의 방법은 반복이다. 주요 메시지를 강조하고 청중의 마음에 각인시키는 가장

---

78) York, *Preaching with Bold Assurance*, 182. 그는 설교 주제, 그의 용어로는 명제를 서론 말미에 진술하라고 조언한다. 은폐를 통한 관심 끌기가 필요한 때도 있지만, 서론에 명제를 분명하게 진술하고, 본론에서 설명과 증명, 설득을 통해 청중으로 하여금 그 명제를 확신토록 하는 것이 좀 더 일반적인 형태가 되어야 한다고 말한다.

일반적인 수단이다. "설교에서 가장 중요한 문장은 주. 제. 문. 장. 주제 문장입니다." 주제 문장이라는 말이 두 번 반복되었다. 중요한 단어, 중심이 되는 단어가 있다면, 그 단어를 반복하면 된다. 문장을 통째로 반복하는 것도 좋다. "하나님은 여러분을 사랑하십니다. 주님의 말씀입니다. 성도 여러분, 하나님이 여러분을 사랑하십니다." 어떡하든 청중의 마음에 새겨야 할 것이 아닌가.

재진술도 좋은 방법이다. 앞서 설명했듯이, 반복이 같은 문장을 되풀이하는 것이라면, 재진술은 같은 의미의 다른 표현을 연이어 공급하는 것이다. "설교에서 가장 중요한 문장은 주제 문장입니다. (재진술) 수많은 문장이 설교에 동원되지만, 그 중에서 핵심이 되는 문장, 기둥과 같은 문장은 역시 주제 문장입니다." 문자적으로는 다른 표현을 쓰고 있지만, 같은 의미를 전하고 있다. 이렇게 해서라도 청중의 마음에 새겨야 할 것이 아닌가.

비교와 대조를 동원한 부연 설명도 효과적이다. "하나님은 여러분을 사랑하십니다. (대조) 여러분을 향하여 무관심한 하나님이 아닙니다. 미워하거나 적대시하는 분은 더더욱 아닙니다. (비교) 부모가 자녀를 사랑하듯, 목자가 그 양을 사랑하듯, 그렇게 하나님은 여러분을 사랑하십니다." 이해를 못해서 하는 설명이 아니다. 오히려 마음에 새기기 위한 설명이다. 중요하기 때문에, 놓쳐서는 안 되는 문장이기에 다양한 형식을 빌려서 강조하는 것이다. 주제 문장과 대지 문장, 설교에서 차지하는 비중이 큰 만큼, 그만큼의 되새김과 그만큼의 강조가 결코 아깝지 않다.

이렇게 완급 조절, 반복, 재진술, 비교와 대조 등 다양한 방법을 동원하여 주제, 혹은 대지를 진술할 때 얻게 되는 효과가 있다. 우선 청중이 메시지를 소화하고 내면화할 수 있는 기회를 제공한다. 주제 문장과 대지 문장은 그 성격상 압축적이고 때로는 함축적이다. 소화할 시간이 필요하다는 말이다. 여느 문장과 달리, 곱씹고 소화하고 그래서 내면화할 수 있는 여유가 필요한 문장들이다. 완급, 반복, 비교와 대조 등이 그 여유를 제공할 것이다.

그리고 또 하나 요긴한 소득이 있으니, 청중의 오리엔테이션이다. 대지 문장은 대지 전체가 흘러갈 방향, 대지 전체가 다룰 내용을 개략적으로 미리 지시한다. 다시 말해, 앞으로 메시지가 어디로 흘러갈지 미리 알려주는 기능을 한다. 찬찬히 그리고 천천히, 조금 지체되더라도 꼼꼼히 그 방향을 확실히 인식할 수 있는 기회를 주라. 미리 알고 가는 길이 쉽고, 내용을 미리 짐작하고 듣는 말이 좇아가기 한결 용이하다. 안 들리는 영어도, 대충 어떤 내용인지 정황을 알고 들으면 한두 단어라도 더 들린다. 주제 문장과 대지 문장이 바로 그런 방향타 역할을 한다. 주제, 혹은 대지가 진술될 때면, 가장 말다운 말, 그래서 가장 효과적인 말 전략으로 청중의 가슴에 깊이 새기라.

9 흥얼흥얼 말로 준비하는 설교

애초에 설교를 말로 준비하라. 글이 아니라 말로 준비하고, 손이 아니라 입으로 준비하라.[79] 낯설게 들릴 수 있다. 대부분의 경우 설교문, 즉 설교 원고를 완성하고, 그것을 읽고 또 읽어서 말 설교를 만들어간다. 이것이 상례이고, 좋은 방법이다. 그러나 아무리 말로 바꾸어도 글은 글이다. 애초에 글로 준비된 이상, 그 안에 글의 흔적이 남을 수밖에 없다. 표범의 반점과 구스인의 피부색이 잘 지워지지 않듯, 아무리 자연스럽게 읽어도, 태생적으로 글에 담긴 글의 다이내믹이 잘 지워지지는 않는다. 글은 글이고 말은 말이기 때문이다. 그래서 말 설교를 만드는 근본적인 대안은 애초에 설교를 글이 아니라, 말로 준비하는 것이다.

어떻게 말로 설교를 준비할 것인가? 두 가지 방법을 제안하면, 첫째는 일어서서 준비하기다. 본문을 선택하여 연구하고, 묵상하라. 그래서 설교의 주제와 대지가 결정되면, 이제는 일어서라. 조금 더 신중을 기하려면, 예화를 비롯한 설교 자료가 어느 정도 확보되면, 이제 노트북을 뒤로 하고 일어서라. 그리고 가상의 청중을 향해 설교하라. 청중이 앞에 있다 생각하고, 준비된 대지와 예화 자료를 가지고 설교하라. 즉흥적일 수 있고, 설교가 우왕좌왕할 수 있다. 당

---

79) Sunukjian, 『성경적 설교의 초대』, 329. "쓰는 대로 쓰지 말고, 말하는 대로 쓰라." 그는 필자와 같이 애초에 말로 설교를 준비하라는 조언은 하지 않는다. 다만 설교문을 구어 형태로 작성하라고 조언한다. 필자의 경험으로는 아래에 제안한 대로, 준비 과정 자체에 입으로 말하면서 준비하는 것이 효과적이다.

황하지 말고 실망하지도 마라. 첫 시도인데 당연한 일 아닌가. 앉아서 설교 원고를 작성할 때도 처음에는 엉성하지 않은가.

이어서 2차 시도다. 책상으로 돌아가고픈 유혹을 뿌리치고 다시 설교하라. 1차 시도에서 나타난 문제점을 보완하며 여전히 일어선 채로 가상의 청중을 향하여 다시 설교하라. 이때 화이트보드 따위를 사용하여 떠오르는 설교의 흐름을 개략적으로 기록하는 것이 좋다. 노트에 기록할 수도 있지만, 일어선 자세를 유지하는 데는 화이트보드가 좋다. 이어서 3차, 또 4차. 이 과정을 반복하면서 설교를 완성해가는 것이다. 설교가 어느 정도 익어가면, 어느 정도 형태를 갖추면, 그때 책상으로 돌아오라. 그 설교를 문서로 작성하면 된다.

두 번째 방법은 앉은 채로 준비하기. 첫 번째 방법에 비해 다소 온건한 방법이다. 기존의 설교 작성법을 따르되, 다만 흥얼흥얼 말을 하면서 작성하면 된다. 타닥타닥 타이핑 소리와 더불어, 설교자의 흥얼거리는 소리가 들리는 준비법이다. 침묵 속에 타이핑할 때보다 말의 다이내믹이 훨씬 더 또렷이 설교문에 반영된다. 여럿이 함께 모인 사무실에서는 실천하기 어려운 방법이지만, 아주 작은 목소리로 속삭이듯 하면 된다. 이마저도 어려운 경우, 단지 마음속으로 말하면서 타이핑해도 단순 글쓰기보다 훨씬 말다운 설교문이 준비된다.

말로 설교를 준비한다? 생소하고 어색할 수 있다. 그러나 꽤 효과적이다. 의외의 소득도 있으니, 브레인스토밍 효과다. 말을 하는 와

중에 새로운 생각이 떠오르기도 하고, 미처 생각지 못한 효과적인 메시지 전개 방안이, 말을 하는 와중에 떠오르기도 한다.

극단적인 경우, 원고 작성을 생략하는 설교자도 있다. 개요만 작성하고 그대로 단에 올라가서 즉흥적으로 말 설교를 하는 것이다. 애초에 글의 흔적을 없앤 순수한 말 설교를 추구하는 방법일 수도 있겠지만, 다소 위험하다. 원고 작성이 주는 유익이 있다.[80] 원고 작성은 메시지 내용에 깊이를 더해주고, 적절한 시간 안배를 도와주며, 즉흥이 주는 실수를 최소화한다. 무엇보다 원고 작성은 본서가 강조하는 퇴고의 기회를 제공한다. 말 설교를 만들자고, 이런 유익들을 포기할 수는 없다. 원고 작성은 말 설교의 적이 아니라, 잘만 활용하면 유용한 친구다. 원고를 작성하되, 글맛나는 원고가 아니라 말맛나는 원고를 작성해야 한다.

10 적당한 밀도의 말로 설교를 반죽하라

한 설교 안에 귀한 말씀을 최대한 많이 담고 싶은 것은 모든 설교자의 본능적인 소망이다. 사랑하는 자녀에게 좋은 음식을 많이 먹이고 싶은 부모의 심정과 같다. 그러나 기억하라, 좋은 설교

---

[80] Ralph Lewis, "Preaching With and Without Notes," in *Handbook of Contemporary Preaching*, ed. Michael Duduit (Nashville: Broadman & Holman, 1992), 409-416. 설교단에 원고가 등장한 것이 16-17세기에 와서라는 역

는 적당한 밀도의 설교다. 꽉 찬 설교가 능사는 아니다. 제한된 시간 안에 너무 많은 메시지를 담으면 오히려 설교 효율이 떨어질 수 있다. 설교가 글이 아니라 말임을 기억하라.

옳은 말로 빼곡하게 채운 설교를 함부로 비판할 수 없지만, 때로는 과유불급이다. 청중이 제대로 소화할 수 없기 때문이다. 아름드리나무로 빈틈없이 빼곡한 숲은 거닐기 어렵고, 발효되지 않은 무교병은 순수하지만 먹기 불편하다. 적당한 밀도의 메시지가 좋다. 메시지 중간 중간에 빈 공간과 더러 적당한 여유를 가미한 메시지가 좋다. 설교하는 입장에도 여유가 필요하지만, 듣고 소화해야 하는 청중을 위해서도 적당한 밀도가 유지되어야 한다.

백번을 강조해도 지나치지 않는 설교의 원칙, 설교는 말이다. 설교의 대상은 책 읽는 독자가 아니라 말을 듣는 청중이다. 읽기에 비해 듣기는 훨씬 긴장된 메시지 수용 방식이다. 청중의 소화를 돕는 배려가 필요하다. 독자는 메시지의 수납 속도와 소화 페이스를 스스로 조절할 수 있지만, 청중에겐 그럴 재간이 없다. 메시지의 진행 속도를 설교자가 결정한다. 설교자가 던지는 메시지를, 설교자가 정한 페이스를 좇아 받아내는 수밖에 없다. 그러니 설교자가 조절해주어야 한다.

그래서 효과적인 설교를 위한 주요한 원칙, 초점을 잃지 않으면서 잠시 곁길로 나가는 시간도 필요하다. 예화를 들려주어도 좋고, 해당 메시지와 관련된 설교자의 가벼운 경험을 들려주어도 좋다. 메시지의 초점을 잃지 않되, 다소간 긴장을 풀 수 있는 여유로운 시간을 마련해주라. 섬유소와 같은 말을 하라. 섬유소는 영양학적인 의미는 없지만 소화에는 주효하다. 소화된 만큼 음식이라면, 들린 만큼 설교다. 그래서 영양가 높은 음식도 중요하지만, 소화를 돕는 음식도 못지않게 요긴하다. 설교에도 섬유소와 같은 소화를 돕는 여유 부분이 일정 부분 필요하다.

설교 목적은 전하는 데 있는 것이 아니라, 청중이 듣게 하는 데 있다. 설교자가 전한 만큼 설교가 아니라, 청중이 들은 만큼, 청중에게 들린 만큼 설교이고, 심지어 청중이 소화해낸 만큼 설교이고, 꼭 그만큼 설교다. 그러니 듣는 청중의 입장을 고려해야 한다. 들을 수 있도록, 들릴 수 있도록, 무엇보다 소화할 수 있도록. 때로 쉼터와 같은 말, 섬유소 같은 말, 빈 공간과 같은 여유, 그래서 적당한 밀도의 설교를 추구하라.

11 아멘으로 화답할 기회를 주라 – Why not?

아멘이 있는 설교가 좋지 않을까. 고요한 청중석 위로 설교자의 목소리만 우렁차게 울려퍼지는 설교도 귀하지만, 화답하는 청중의 목소리가 함께 어우러지는 설교는 더 귀하지 않을까. 아멘 화답은 설교자에게도 힘이 되지만, 청중에게도 유익하다. 일종의 수납 서명이다. 선포된 메시지를, 내 마음을 열어 수납한다는 서명의 아멘이다.

에반스 크로포드(Evans E. Crawford)는 청중의 아멘 화답을 '참여적 선포', 혹은 '만인제사장직의 표현'으로 적극 추천한다.[81] 아멘을 통해 청중이 설교에 참여한다는 의미다. 감사하는 마음이 우리 삶에 더 큰 활력을 부여하듯, 진솔한 아멘 화답은 우리를 좀 더 나은 청중의 자리로 안내한다. 맹신적인 아멘 복창에 대한 우려는 충분히 공감한다. 그러나 목욕물과 더불어 아이를 버려서는 안 되듯, 모든 아멘을 버리는 것은 어리석은 일이다.

청중에게 아멘으로 화답할 수 있는 기회를 주라. '…하기를 축원합니다', 혹은 '…이라고 믿습니다'는 이미 많은 설교자들이 사용하고 있는 방법들이다. 물론 너무 인위적이거나 지나치게 자주 유도할 경우에는 역효과가 날 수도 있다. 설교를 천박하게 하거나, 그 결과 일부 청중으로 하여금 설교를 향해 마음을 닫게 만들 수도 있으니 주의해야 한다. 그러나 적절한 화답의 공간을 주는 것도 설교자의 지혜다. 가슴에 담아둔 은혜도 귀하지만, 아멘으로 표현된 은혜가 더 귀하다. 청중으로 하여금 설교의 구경꾼이 아니라 의미 있는 참여자가 되게 하라.

---

[81] Evans E. Crawford, *The Hum: Call and Response in African American Preaching*, 『설교의 음악성』, 차종순 옮김 (서울: 한국장로교출판사, 1997), 46-47. 흑인 설교 전통에 기초하여 화답을 통한 참여를 적극 추천한다.

결어

테이크아웃 설교학:
설교학(學)을 떠나 설교 현장으로

      퇴고 설교학과 더불어 필자가 본서에서 의도한 방향이 하나 더 있다면, 테이크아웃 설교학이다. 휴대용 설교학이라 불러도 좋고, 가벼운 설교학이라 불러도 좋다. 좀 더 고상한 용어로는 현장 설교학이다. 설교 현장에 직접 가져가서, 가장 실용적으로 활용할 수 있는 현장 설교학이 본서가 의도하는 설교학이고, 그 이상을 담은 이름이 테이크아웃 설교학이다.

  실천학문인 설교학의 본업은 현장을 섬기는 일이다. 학(學)이 아니라 현장 설교를 섬기고, 학자가 아니라 현장 설교자를 섬겨야 한다. 그런 의미에서 본서는 설교 현장까지 휴대가 용이하고, 수시로 펼쳐볼 수 있는 매뉴얼 형식의 설교학을 의도하였다. 학(學)을 위한 설교학은 심오할지 몰라도, 본업에 충실하지 못하다. 학을 위한 학이 가진 나름의 의미가 있겠지만, 적어도 실천학문의 본업에서는 많이 벗어난다. 실천학문인 설교학은 현장용이 제 맛이다.

  설교자와 설교학의 만남은 그래서 기능적이어야 하고, 길어서도 안 된다. 간단히 만나고 기능적으로 만나야지, 너무 오래 너무 감동적으로 만나선 안 된다. 이론을 사랑하게 만드는 학이 아니라, 현장을 사랑하게 만드는 학이어야 한다. 그런 의미에서 너무 매력적이어서 학자가 되고픈 꿈을 심어주는 설교학은 요주의 대상이다. 어서 속히 현장으로 가고 싶은 의욕, 나도 할 수 있다는 용기, 그리고 현장에 가서 당장에 써먹을 수 있는 실무 지식을 채워주는 것이 설교학 본연의 의무라고 필자는 믿는다. 바라기는 본서가 편린이나마 그런 모습을 갖추었기를 바란다.

  이제는 헤어질 시간이다. 애초에 설교자와 설교학의 만남은 헤어지기 위한 만남이었다. 이제 현장으로 돌아가라. 가볍게 정리한 책이니 이 책도 현장으로 가지고 가기를 바란다. 바라기는 가끔 펼쳐보기를 바란다. 너무 자주 말고 한순간이나마 이 책이 세상에서 가장 영광스러운 당신의 설교사역에 작은 도움이 된다면, 필자로서 무한한 영광일 것이다.